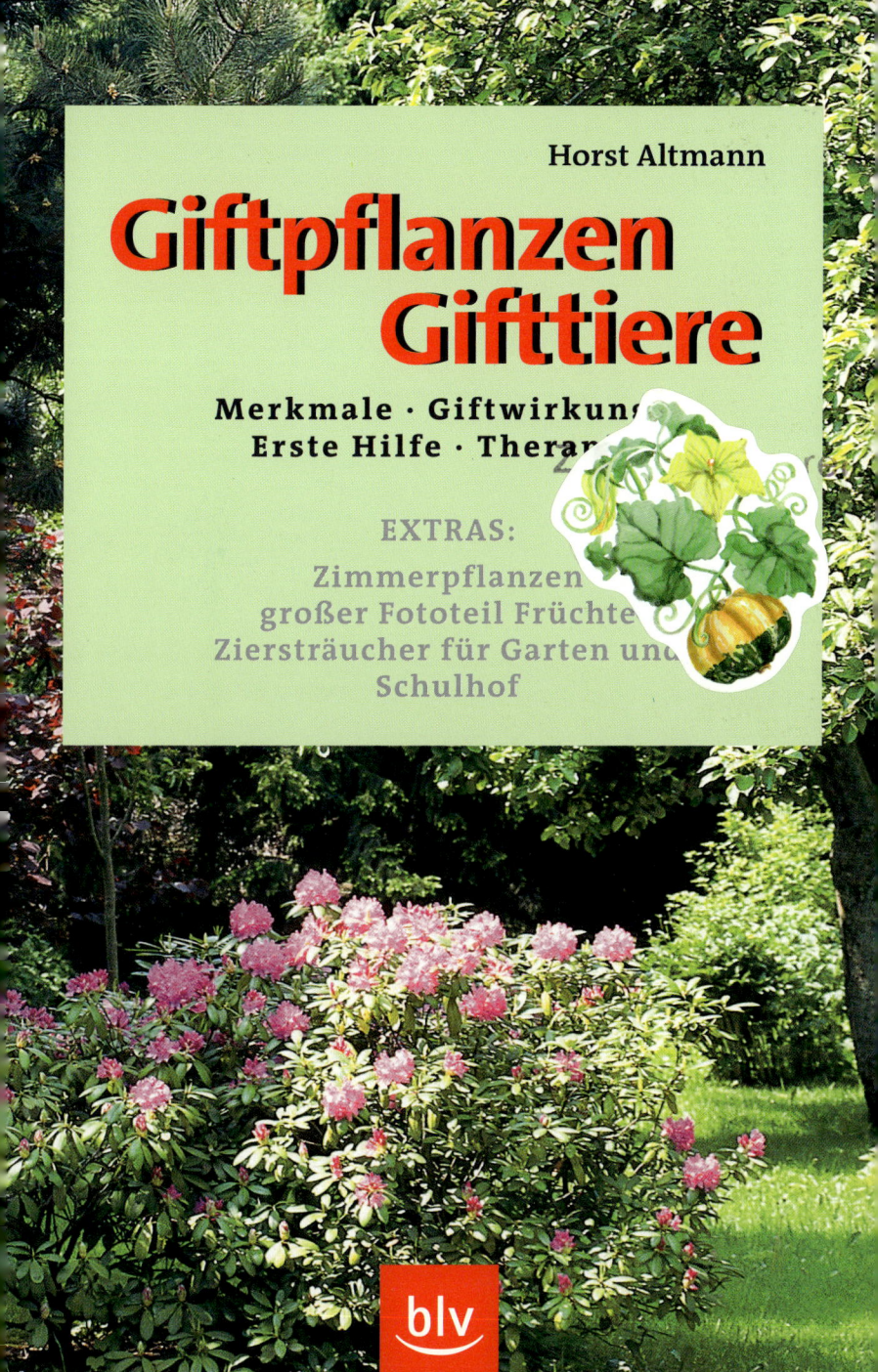

Horst Altmann

# Giftpflanzen Gifttiere

## Merkmale · Giftwirkung
## Erste Hilfe · Therapie

EXTRAS:

Zimmerpflanzen
großer Fototeil Früchte
Ziersträucher für Garten und
Schulhof

blv

# Inhalt

# Vorwort

Im Jahr 2000 erhielt der Giftnotruf München 3500-mal Anrufe zu Vergiftungen mit Pflanzen. 300-mal wurde wegen Gifttieren nachgefragt. 2500 Anfragen kamen von besorgten Eltern, weil ihre Kleinkinder oder Grundschulkinder Pflanzenteile zu sich genommen hatten. Dies zeigt die Brisanz dieser Art der Vergiftung von der vor allem unser wertvollstes Gut, nämlich unsere Kinder betroffen sind.

Glücklicherweise sind dabei jedoch tödliche Vergiftungen selten. Allerdings sind Symptome wie Durchfall und Erbrechen häufig und können unsere Kleinen ganz schön mitnehmen.

Durch die Entfremdung des Menschen von der Natur sind den meisten Erwachsenen, darunter auch den Ärzten, Pflanzen gänzlich unbekannt. Andererseits besteht die Vorstellung, dass alles was aus der Natur stammt auch gut und gesund sein müsse. Dies drückt sich im Hang zu pflanzlichen Medikamenten oder auch zur alternativen Medizin aus. Uns sind tödliche Vergiftungen durch Verwechslung von Bärlauchblättern mit den Blättern der Herbstzeitlose bekannt, nachdem in den Medien empfohlen wurde, man solle Bärlauch zur »Blutreinigung« essen. Einerseits besteht also die Sehnsucht, die heilende Kraft der Natur zu nutzen, andererseits die Tendenz, alles Giftige auszurotten. So werden giftige Pflanzen von Kinderspielplätzen und Schulhöfen verbannt, Zierpflanzen müssen aus Gärten verschwinden, Zimmerpflanzen werden beseitigt, wenn sich Nachwuchs ankündigt. Diese Überreaktionen wären nicht notwendig, wenn die Kenntnisse über giftige Pflanzen und Tiere größere Verbreitung hätten.

Im Sinne von »Gefahr erkannt, Gefahr gebannt« könnte mehr Sachlichkeit im Umgang mit natürlichen Giften, die sich nicht vernichten lassen und zu deren Ausrottung (z.B. Giftschlangen) die Gesellschaft auch nicht berechtigt ist, einkehren. Für Eltern, für Erzieher und interessierte Naturfreunde, aber auch Ärzte und Apotheker, die sich rasch über Giftpflanzen und Gifttiere informieren möchten, ist dieses Taschenbuch ein wertvoller Ratgeber.

Der medizinische Teil wurde gründlich überarbeitet. Neue Pflanzen, die auch als Drogen missbraucht werden können, wurden aufgenommen. Wir können dieses Büchlein besonders empfehlen

Prof. Dr. Th. Zilker
Leiter der Toxikologischen Abteilung
Klinikum rechts der Isar, München

# Einführung

*Vorsicht: Gift im Garten.*
*Goldregen kann giftig sein.*
*15 Kinder aßen Goldregen*
*– vergiftet.*
*Der Tod lauert am Kinder-*
*spielplatz!*

Diese Schlagzeilen sind nicht frei erfunden; sie standen als Überschriften in Tageszeitungen. Die Ursachen waren in jedem Fall so genannte Massenvergiftungen. Das heißt, dass mehrere Personen – hauptsächlich waren Kinder die Betroffenen – zur gleichen Zeit durch den Genuss derselben Pflanzenteile mehr oder weniger schwer erkrankt waren. Meist wurden diese Vergiftungen nicht durch Pflanzen hervorgerufen, die man in unwegsamen Gegenden, in dunklen Wäldern, in moorigen Landschaften und Sümpfen suchen musste, sondern durch solche, die man sowohl in kleinen Ortschaften als auch in Großstädten finden kann und die dort nicht nur in Gärten und Anlagen als Straßenbegrenzung oder als lebende Zäune, sondern sogar – zur Zierde – in Kindertagesstätten, Schulen, Sportplätzen und Freibadeanlagen angepflanzt sind.

*Wespe griff Fahrer an:*
*Lkw walzte vier Autos nieder.*
*Eine Wespe – Pferde kriegten*
*die Kurve nicht.*
*Rekord: 74 Wespenschwärme!*

Auch dies waren Schlagzeilen in Tageszeitungen. Hier waren nun einzelne Tiere die Verursacher und einzelne Personen die Betroffenen. Sollte man nun, nur weil der Lenker eines Lkw nicht rechtzeitig stehen blieb, um die Wespe aus seinem Führerhaus zu entfernen, oder weil ein angespanntes Pferd von einer Wespe (?) gestochen wurde und daraufhin davongaloppierte, alle diese ungeliebten Insekten vernichten? Solchem Denken entsprang vielleicht die Erfolgsmeldung einer deutschen Großstadtfeuerwehr, dass an einem Tag 74 Wespenschwärme eingefangen und vernichtet wurden. Wenn wir schon mit atomarer Strahlung, schadenbringender Chemie und unvermeidlichen Abgasen leben müssen, sollten wir auch versuchen, mit Tieren auszukommen, die durch den Menschen ihren natürlichen Lebensraum verlieren.

In einigen deutschen Städten wurden Informationsblätter über Wespen und Hornissen herausgegeben, in denen die unterschiedlichen Lebensweisen der verschiedenen Arten aufgeführt sind. Man erfährt auch vom richtigen Umgang mit Wespen und Hornissen in Nestnähe und abseits vom Nest, oder wie man sich ihnen gegenüber am Frühstückstisch verhält und wie man sie vertreiben kann, ohne gestochen zu werden.

Alle diese Vorkommnisse waren eigentlich der Anlass, ein Büchlein über giftige Pflanzen und Tiere zu schreiben, das keinen Anspruch auf Vollständigkeit erhebt, das aber dem Bestimmen und Kennenlernen dienen soll, um damit Vergiftungen zu verhindern, indem es das Kind, den Jugendlichen und auch den Erwachsenen auf eventuelle Vergiftungsmöglichkeiten durch Pflanzen und Tiere hinweist. Bei eingetretenen Vergiftungen soll es dem Laien dann helfen, sich richtig zu verhalten, Erste-Hilfe-Maßnahmen zu ergreifen und, wenn nötig, dieses Büchlein auch zum behandelnden Arzt mitzunehmen, dem es erleichtert werden soll, über die Identifizierung des Verursachers rasch zur richtigen Therapie zu gelangen.

Bei der Zusammenstellung des Manuskriptes war es sehr schwer, eine geeignete Auswahl giftiger Tiere und Pflanzen zu finden; denn was ist giftig? Schon der große Arzt und Naturforscher Paracelsus (1494–1541) sagt: »Alle Dinge sind Gift und nichts ist ohne Gift, allein die Dosis macht, dass ein Ding kein Gift ist.« So wird auch der Inhalt dieses Buches vielleicht seinem Titel nicht ganz gerecht. Denn welches Gewächs ist schon eine wirkliche »Giftpflanze« und welches Lebewesen ein ausgesprochenes »Gifttier«? Meist enthalten doch beide nur mehr oder weniger genau bekannte Stoffe, die dem menschlichen Organismus Schaden zufügen können, wenn sie, auf irgendeine Art und Weise und in zu

hohen Dosen, dem Körper zugeführt werden. Es beinhalten also viele Pflanzen und Tiere Stoffe, die zwar als giftig gelten oder auch als Gift beschrieben sind, aber, genau dosiert, in der Hand des Arztes als Heilmittel wirken.

Ganz bewusst wurden z.B. die in vielen Unterarten vorkommenden Pfingstrosen- oder Azaleengewächse, der Sumpfporst, die Rosmarinheide und Kirmesbeere ebenso wie die Küchenschelle weggelassen, da durch sie in den letzten Jahren keine nennenswerten Vergiftungen bekannt geworden sind und die verhältnismäßig wenigen Anfragen bei den Giftnotrufzentralen meist nur der Information dienten.

Wenn nun auch Pflanzen wie die Gartenbohne oder die Vogelbeere aufgeführt sind, dann nur deshalb, weil Vergiftungen durch den Genuss der rohen Bohnen bzw. Beeren bekannt wurden. Gekocht die eine, als Tee oder Marmelade zubereitet die andere, ist keine der beiden Pflanzen giftig. Oft sind auch dann, wenn bei Gift und Wirkung keine näheren Angaben gemacht werden, große Mengen von Teilen einer Pflanze notwendig, um die genannten Vergiftungserscheinungen hervorzurufen.

Bei den als »giftig« angeführten Zimmerpflanzen wurden die Statistiken zweier großer deutscher Giftnotrufzentralen ausgewertet; hier war nicht unbedingt die Giftigkeit, sondern mehr die Häufigkeit der Anrufe ausschlaggebend. Während bei den Pflanzen meist

Eine Zierde in vielen Gärten – die den Magen-Darm-Trakt reizende Pfingstrose. Vergiftungsfälle sind in den letzten Jahren nicht bekannt geworden.

die Toxizität oder die Häufigkeit des Vorkommens, vor allem aber bekannt gewordene Vergiftungen eine große Rolle spielten, wurde bei der Auswahl der Tiere von anderen Gesichtspunkten ausgegangen. Hier sind einige in der Lage, durch Bisse und Stiche Giftstoffe auf den Menschen zu übertragen, andere wehren sich, indem sie giftige Stoffe über Hautdrüsen ausscheiden. Wieder andere sind überhaupt nicht giftig, unter Umständen aber für den Menschen gefährlicher, als es scheint, nämlich als Überträger von Krankheiten. Dazu zählen einige Arten der Stechmücken und die Zecke.

Wenn bei einigen Tieren über Erste Hilfe nichts geschrieben steht, so nur deswegen, weil es entweder nicht notwendig ist, aus der Therapie hervorgeht oder ein eventuell notwendiges Händewaschen weder als Erste Hilfe noch als Therapie, sondern ganz einfach als selbstverständliche Vorsichtsmaßnahme zu bewerten ist.

Erwähnt werden sollte noch, dass sämtliche Amphibien und auch die beschriebenen Schlangen unter Naturschutz stehen. Viele dieser Tiere sind vom Aussterben bedroht; man sollte also nicht ein Übriges tun und sie umbringen und erschlagen, nur weil sie giftig sind und vielleicht sogar »hässlich« aussehen. Dass z. B. durch das Berühren von Kröten auf der menschlichen Haut Warzen entstehen können, ist derselbe Unsinn wie die Behauptungen, dass Kreuzottern Menschen anspringen oder dass drei Hornissenstiche einen Menschen töten.

Alle Arten, die nach der Bundesartenschutzverordnung vom 14.10.99 in Deutschland geschützt sind, wurden im Buch mit »G« gekennzeichnet. Darüber hinaus ist mit den Kürzeln »R0« bis »RR« angegeben, ob eine Art in der »Roten Liste« der gefährdeten Wirbeltiere (Ausgabe 1994) oder Pflanzen (Ausgabe 1996) Deutschlands verzeichnet ist.

Dabei bedeuten: R0 = ausgestorben oder verschollen; R1 = vom Aussterben bedroht; R2 = stark gefährdet, R3 = gefährdet; RR = extrem selten (Rarität). Diese Angaben beziehen sich auf das Gebiet der Bundesrepublik. Entsprechende Regelungen und Listen gibt es auch in anderen Ländern.

Da dieses Büchlein nicht nur dem Laien und Naturfreund, sondern auch dem Arzt dienlich sein soll, konnte verständlicherweise nicht auf einige medizinische Fachausdrücke verzichtet werden. Soweit sie bei Vergiftungserscheinungen unumgänglich notwendig waren, sind sie ab Seite 148 zusammengefasst und erklärt. Die Stichpunkte Gift und Wirkung sind für den Arzt bestimmt, da ja gerade die Wirkung durch einen anderen als den beschriebenen Stoff zwar eine gleiche sein kann, aber eine andere Therapie erfordert. Ebenso ist die Therapie nur für den Arzt bestimmt; auch hier sind viele Fachausdrücke verwendet, die aufzuschlüsseln aber aus Platzgründen nicht möglich ist.

Vergiftungen mit Giftpflanzen sind mit 14%, gleich nach den Vergiftungen mit Medikamenten, im Giftnotruf München die zweithäufigste Ursache für Anfragen. Tierische Gifte sind viel seltener (1,5%) Ursache einer Vergiftung. Die Erfahrungen zeigen, dass gesundheitliche Schäden durch Pflanzen verhältnismäßig gering sind. Kinder im ersten Lebensjahr haben vor allem Kontakt mit Zimmerpflanzen. Kleinkinder bis zum sechsten Lebensjahr nehmen viel häufiger Pflanzen im Freien zu sich, vor allem im Sommer und Herbst reife Beeren.

Kinder im Schulalter vergiften sich seltener mit Giftpflanzen. Vereinzelt werden verschiedenste Beeren und Giftpflanzen genommen, die als Droge dienen. In den letzten Jahren stieg die Einnahme von Giftpflanzen als Droge bei Jugendlichen auffallend an; am häufigsten traten Vergiftungen durch Konsum von Blüten oder Blättern der Engelstrompete auf oder Beeren der Tollkirsche. Auch bei Erwachsenen sind Kontakte mit Giftpflanzen keine Seltenheit.

Wiederholt kam es beim Sammeln essbarer Pflanzen zu Verwechslungen mit ähnlich aussehenden giftigen Kräutern (z. B. wird Bärlauch mit den hochgiftigen Blättern der Herbstzeitlosen verwechselt). Giftpflanzen werden aber auch in suizidaler Absicht genommen.

Bei Vergiftungen mit Gifttieren ist zu erwähnen, dass in den letzten fünf Jahren Bisse der Kreuzotter zugenommen haben; zwischen 50–60 Anfragen pro Jahr.

Über die Texte zu »Erste Hilfe« und »Therapie« bei den jeweiligen Artenbeschreibungen hinausgehend hier noch einige allgemeinere Hinweise zu diesen wichtigen Themen.

**Erste Hilfe:** Keine voreilige Therapie, keine Behandlung durch Laien! Nach dem Verzehr von giftigen Früchten oder anderen Pflanzenteilen sollte in jedem Fall eine Giftinformationszentrale oder ein Arzt möglichst rasch befragt werden. Bei der Identifizierung der Pflanze können auch Apotheker oder Gärtnereien behilflich sein. Sinnvoll als Laienhilfe ist die Entfernung aus dem Mund und Gabe von Flüssigkeit (Wasser, Tee, Fruchtsäfte); keine Milch, da dadurch die Giftaufnahme begünstigt werden kann.

**Therapie (ärztliche Maßnahmen):** Unter primärer Giftentfernung versteht man die Elimination des Giftes vor seiner Aufnahme in die Zirkulation und somit vor seiner Verteilung in das Körpergewebe. Bei oraler Giftaufnahme gilt heute die so genannte »1-Stunden-Regel«, d. h. eine Giftentfernung wird nur noch dann durchgeführt, wenn
1. eine toxisch relevante Giftmenge aufgenommen wurde und
2. die Giftaufnahme nicht länger als eine Stunde zurückliegt.
Bei den relativ kurzen Transportzeiten im modernen Rettungswesen ist von einer Magenspülung oder vom Auslösen von Erbrechen vor der Klinikaufnahme abzuraten. Bei Vergiftungen mit Giftpflanzen reicht in vielen Fällen die Gabe von Medizinalkohle. Nur in sehr seltenen Fällen soll – und auch nur unter ärztlicher Aufsicht – Erbrechen ausgelöst werden (Brechsirup Ipecacuanhae). »Salzwasser« als Brechmittel ist besonders für Kinder absolut kontraindiziert, da eine lebensbedrohliche Kochsalzvergiftung hervorgerufen werden kann.

An dieser Stelle möchte ich dem leitenden Arzt der Toxikologischen Abteilung der Technischen Universität München, Herrn Professor Dr. Zilker und seiner Mitarbeiterin, Frau Gerber-Zupan, doktor medicine (Univ. Ljubljana), für ihre Mithilfe und Ausarbeitung des medizinischen Teils herzlich danken.
Die Toxikologische Abteilung im Klinikum rechts der Isar in München ist die älteste klinisch-toxikologische Spezialabteilung in Deutschland (gegründet 1963). Die Beratung bei akuten und chronischen Vergiftungen übernahm zur selben Zeit der Giftnotruf München, der sich zu einem festen Bestandteil der Toxikologischen Abteilung entwickelt hat. Das Erfassen und Auswerten von Vergiftungen macht eine sinnvolle Vorsorge möglich und dient damit dem vorbeugenden Gesundheitsschutz.

Die giftige Engelstrompete wird in letzter Zeit zunehmend als Droge missbraucht.

# Wildpflanzen und Gartenforme

## Eibe

*Taxus baccata*            R 3, G

Eibengewächse, Taxaceae. **Merkmale:** Die immergrüne Pflanze kann als Strauch mit weit ausladenden Zweigen oder als mittelgroßer Baum mit oft gegabeltem Stamm und unregelmäßiger Krone wachsen und eine Höhe von etwa 15 m erreichen. Die Eibe wächst sehr langsam und kann über 1000 Jahre alt werden. Ihre anfangs rotbraune, glatte Rinde wird später graubraun, sich in Platten ablösend. Die Blätter sind etwa 2 mm breite und 20–30 mm lange, spitze, aber weiche Nadeln mit glänzend grüner Oberseite und etwas hellerer, matter Unterseite. Von März bis April stehen die kleinen unscheinbaren Blüten unterseits an den Zweigen. Ab August reifen die Samen, umgeben von einer fleischigen, roten, eiförmig-becherartigen, etwa erbsengroßen Scheinbeere. **Vorkommen:** Europa. Wild wachsend nur gebietsweise häufig, sonst selten. In der Ebene und im Gebirge (in den

Eibenzweig mit grünen und reifen Scheinbeeren.

Alpen bis 1200 m), in Laub- und Nadelwäldern; häufig als Ziergehölz in Gärten, Anlagen und auf Friedhöfen. **Gift:** Mit Ausnahme des süßlich schmeckenden, roten Fruchtfleisches der Scheinbeeren sind in allen Teilen der Pflanze das äußerst giftige Taxin sowie andere Stoffe enthalten. Vergiftungen, auch solche mit tödlichem Ausgang, sind bekannt und beschrieben. Da beim Essen der Beeren der meist unzerkaute giftige Samen durch die Verdauung wieder abgeht, kommen Vergiftungen durch das Taxin der Eibe meist nicht durch den Verzehr dieser Scheinbeeren zustande, sondern häufiger durch das Kauen der Nadeln und Zweige dieser Pflanze. Nicht nur für Menschen kann das Gift der Eibe gefährlich sein, sondern auch für Tiere. So wurden z. B. Pferde beobachtet, die 5 Minuten nach dem Fressen von Nadeln und Zweigen tot zusammengebrochen sind. **Wirkung:** Zentral erregende und lähmende, vor allem das Atemzentrum betreffende Wirkung; starke Herzwirkung mit initialer Pulsbeschleunigung, dann mit Bradykardie und diastolischer Erschlaffung; wirkt auch reizend auf Magen und Darm. **Vergiftungserscheinungen:** Ein bis zwei Stunden nach Giftaufnahme Übelkeit, Erbrechen, Leibschmerzen, Herz- und Kreislaufstörungen, Atemstörungen, Leber- und Nierenschäden, Krampfanfälle, Tod durch Herzversagen. **Erste Hilfe:** Bei Genuss mehrerer Beeren oder Nadeln zum Arzt. **Therapie:** Nach Aufnahme von Nadeln oder mehreren zerkau-

ten Samen primäre Giftentfernung, Kohlegabe, intensivmedizinische Überwachung.

## Wacholder
*Juniperus communis*

Zypressengewächse, Cupressaceae. **Merkmale:** Als Strauch oder Baum bis 10 m Höhe wachsend; mit gerade abstehenden, stechenden dunkelgrünen Nadeln. Die charakteristisch duftenden erbsengroßen Wacholderbeeren reifen erst im dritten Jahr. Die kugeligen Früchte sind bei Reife blauschwarz und bereift. **Vorkommen:** Verbreitet in Wäldern, auf Heiden, steinigen

Früchte an den Zweigen des Wacholders.

Hängen; auch auf schlechten Böden. **Gift:** Die Früchte und Nadeln enthalten ätherisches Öl, α- und β-Pinen, Terpinenol. **Wirkung:** Reizende Wirkung auf die Haut und Schleimhaut, Reizung der Harnwege. **Vergiftungserscheinungen:** Übelkeit, Erbrechen, Durchfall. Bei größeren Mengen Nierenreizung. Bei Hautkontakt Rötung bis Blasenbildung; Verletzungen durch die Nadeln möglich. **Erste Hilfe:** Bei Beschwerden zum Arzt. **Therapie:** Symptomatisch.

## Sadebaum
*Juniperus sabina*                    R 3

Zypressengewächse, Cupressaceae. **Merkmale:** Bis 3 m hoher Strauch oder Baum mit nieder liegendem

Zweig des Sadebaums mit Beerenzapfen.

Stamm. Die Blätter sind linealisch und an jungen Sträuchern stachelspitzig abstehend, bei älteren meist schuppenartig anliegend und sich dachziegelartig deckend. Die Früchte sind kugelige Beerenzapfen, die einzeln an kurzen Stielen hängen und in der Reife blauschwarz und meist bereift sind. **Vorkommen:** Alpenpflanze in den Gebirgen Mittel- und Südeuropas; auch als Ziergehölz angepflanzt. **Gift:** Ätherisches Öl mit giftigen Substanzen wie Sabinol, Sabinen und anderen Terpenabkömmlingen. **Wirkung:** Heftige Reizwirkung auf der Haut mit Nekrosen bis in tiefere Hautschichten. Innerlich: Übelkeit, Erbrechen, Gastroenteritis mit heftigen, auch blutigen Diarrhöen, Verstärkung der Diurese; hohe Dosen wirken als Krampfgift. **Vergiftungserscheinungen:** Haut- und Schleimhautreizung, Brechdurchfall, Nierenschäden, Krämpfe, Lähmung. **Erste Hilfe:** Arzt aufsuchen. **Therapie:** Bei Einnahme größerer Mengen Erbrechen auslösen oder Magenspülung, Kohlegabe, sonst symptomatisch.

## Morgenländischer Lebensbaum
*Thuja orientalis*

Zypressengewächse, Cupressaceae. **Merkmale:** Strauch oder Baum bis 10 m Höhe mit schuppenförmigen Blättern. **Vorkommen:** In Europa vielfach angepflanzt; oft als Hecke in Gärten und Anlagen. **Gift:** Ätherische Öle mit α- und β-

Morgenländischer Lebensbaum mit Zapfen.

Thujon. **Wirkung:** Äußerlich: Hautreizung. Innerlich: Krämpfe und degenerative Veränderungen der Leber, Nierenschäden und Magenschleimhautblutungen. **Vergiftungserscheinungen:** Äußerlich: Hautreizung. Innerlich: Schwere Reizwirkung auf Magen und Darm, Krampfanfälle, Leber- und Nierenschaden. **Erste Hilfe:** Arzt aufsuchen. **Therapie:** Hautreizung behandeln, nach Einnahme größerer Mengen Erbrechen auslösen oder Magenspülung, Kohlegabe, sonst symptomatisch.
Ähnlich ist der Abendländische Lebensbaum (*T. occidentalis*).

## Osterluzei
*Aristolochia clematis*

Osterluzeigewächse, Aristolochiaceae. **Merkmale:** Eine mehrjährige bis etwa 60 cm hohe Pflanze mit ganzrandigen, herzförmigen, lang gestielten Blättern. Von Mai bis Juni stehen bzw. hängen die eigenartigen, röhrenförmigen gelben Blüten in den Blattachseln. In der birnenförmigen Kapselfrucht entwickeln sich die flachen, kastanienbraunen Samen. **Vorkommen:** Vom Mittelmeergebiet bis Mitteleuropa in der Nähe von Weinbergen, feuchten Wäldern, Unterholz und Hecken. **Gift:** Aristo-

Die Osterluzei besitzt lange röhrenförmige Blüten.

lochiasäure, ätherisches Öl, Gerbstoffe. **Wirkung:** Die Aristolochia-
säure ist ein Zellgift ähnlich wie
Colchicin. Das ätherische Öl und
die Gerbstoffe haben eine schleimhautreizende Wirkung. Vergiftungen wurden häufiger bei Tieren
beobachtet, während bei Menschen
so gut wie nie Vergiftungen bekannt wurden. **Vergiftungserscheinungen:** Nach Verschlucken der
Pflanzenteile Erbrechen, Durchfall,
Pulsbeschleunigung, Blutdruckabfall. Nach Einnahme größerer
Mengen Krämpfe, Atemlähmung,
und Nierenschäden möglich. **Erste
Hilfe:** Bei Beschwerden zum Arzt.
**Therapie:** Gabe von Kohle und
Abführmittel, sonst symptomatische Therapie.

Schwarze Nieswurz oder Christrose.

## Schwarze Nieswurz
*Helleborus niger*　　　　　R 3, G

Hahnenfußgewächse, Ranunculaceae. **Merkmale:** Die Schwarze
Nieswurz oder Christrose blüht
von Dezember bis März mit weißen,
flach ausgebreiteten Blüten. Bis
30 cm hoch wird der blattlose
Stängel. **Vorkommen:** Wild wachsend nur in den Berchtesgadener
Alpen; häufig als Zierpflanze in
Gärten. **Gift:** Saponin und die Glykoside Helleborein und Hellebrin in
vermutlich allen Pflanzenteilen.
**Wirkung:** Das Saponin Hellebrin
wirkt an der Haut und Schleimhaut
lokal reizend; Helleborein hat Digitaliswirkung. Vergiftungen wegen
geringer Verbreitung der Pflanze
sehr selten. **Vergiftungserscheinungen:** Kratzen im Mund, Speichelfluss, Übelkeit, Magenschmerzen,
Erbrechen, Koliken, Durchfälle; Puls
verlangsamt, unregelmäßig; Atemnot, Herzschwäche, Schwindel,
weite Pupillen. **Erste Hilfe:** Vorstellung beim Arzt. **Therapie:** Bei
größerer Menge primäre Giftentfernung, Kohlegabe, Abführmittel,
sonst symptomatisch.
Die Grüne Nieswurz *(Helleborus
viridis)* kommt in Westeuropa und
Mitteleuropa vor. Im südlichen Mitteleuropa und in Südeuropa wächst
die Stinkende Nieswurz *(Helleborus
foetidus)*. Beide sind schwach giftig,
ebenfalls geschützt und ähneln in
Inhaltsstoffen und Wirkung – wie
auch das geschützte Adonisröschen
*(Adonis vernalis)*, R 3, und der Win-
terling *(Eranthis hyemalis)* – der
Schwarzen Nieswurz.

Christophskraut mit reifen Beeren.

## Christophskraut
*Actaea spicata*

Hahnenfußgewächse, Ranunculaceae. **Merkmale:** Eine ausdauernde, krautige Pflanze, die eine Höhe von 30–60 cm erreicht. Die großen, langstieligen Blätter sind 3-zählig gefiedert und gesägt. Von Mai bis Juni/Juli zeigen sich die kleinen weißen Blüten in dichten, endständigen oder blattachselständigen Trauben. Die länglich-eiförmigen Beeren sind im Reifezustand glänzend schwarz; sie beinhalten mehrere, in zwei Reihen angeordnete Samen und weinroten Saft. **Vorkommen:** Fast ganz Europa. In den Alpen und im Alpenvorland häufig, fehlt aber z. B. in der Nordwestdeutschen Tiefebene.

In Laub- und Mischwäldern, auf lockerem, steinigem Boden. **Gift:** Im Samen und den Beeren ist kein stark wirkender Inhaltsstoff gefunden worden. **Wirkung:** Lokal reizend. **Vergiftungserscheinungen:** Nach Verzehr der Früchte ist kaum eine Vergiftung zu erwarten, eventuell Magen-Darm-Beschwerden. **Erste Hilfe:** Gegebenenfalls zum Arzt. **Therapie:** Symptomatisch.

## Blauer Eisenhut
*Aconitum napellus*       G

Hahnenfußgewächse, Ranunculaceae. **Merkmale:** Ausdauernde, krautige Pflanze, die mit einer rübenartigen Wurzel überwintert. Der aufrechte Stängel wird 50–150 cm

Der in den Mittelgebirgen und Alpen verbreitete Blaue Eisenhut ist stark giftig.

hoch und trägt dunkelgrüne, gefingerte, 5–7fach eingeschnittene Blätter. Die dunkelblauen bis dunkelvioletten Blüten mit ihrem helmförmigen Aussehen zeigen sich von Juni bis September. **Vorkommen:** Europa. Hauptvorkommen in den Alpen und im Mittelgebirge; an schattigen Plätzen, auf feuchten Böden, an Gebirgsbächen. **Gift:** Die Wurzel, die Blätter und auch die Blüten enthalten das giftige Alkaloid Aconitin. Der Eisenhut wird oft als die giftigste Pflanze Europas beschrieben. Schon beim Pflücken kann das Gift durch die Haut eindringen und Hautentzündungen und schwere Vergiftungen hervorrufen. Tödliche Vergiftungen kamen vor infolge Verwechslung der Pflanze mit Sellerie- und Meerrettichwurzeln sowie durch Verwendung von Eisenhutblättern im Salat. **Wirkung:** Vorwiegend an der Herzmuskelzelle und an der Nervenzellmembran. **Vergiftungserscheinungen:** Schon 10–20 Minuten nach oraler Aufnahme Brennen und Kribbeln im Mund, in den Fingern und Zehen, dann über die Haut des ganzen Körpers, verbunden mit Schweißausbrüchen und Frösteln; später typische Pelzigkeit, Schmerzunempfindlichkeit und Gefühl der Eiseskälte. Außerdem kann es zu Übelkeit, Erbrechen, kolikartigen Durchfällen, Schmerzen in Kopf-, Hals-, Rücken- und Herzgegend, Ohrensausen, Gelb-Grün-Sehen und Harnflussvermehrung kommen. Bei schweren Vergiftungen kann nach anfänglicher At-

Gelber Eisenhut

mungsbeschleunigung eine Atem- und Herzlähmung mit gleichzeitiger Untertemperatur zum Tod bei erhaltenem Bewusstsein führen. **Erste Hilfe:** Sofortiger Transport ins Krankenhaus. **Therapie:** Falls verschluckt möglichst frühzeitig Giftentfernung durch induziertes Erbrechen oder Magenspülung. Gabe von Kohle und Laxans. Bei Herzrhythmusstörungen Gabe von Magnesium und evtl. Schrittmacherstimulation. Immer intensivmedizinische Überwachung.
Der Gelbe Eisenhut oder Wolfs-Eisenhut *(Aconitum vulparia)* ist ebenfalls eine Giftpflanze. Er beinhaltet dieselben Wirkstoffe wie *A. napellus*. Der Wolfseisenhut wächst mit hellgrünen Blättern und blassgelben Blüten in Schluchten und Auwäldern und kommt von der Ebene bis 2400 m vor. Er steht ebenfalls unter Schutz. Den in Wildform meist blau blühenden Rittersporn *(Delphinium sp.)* gibt es in zahlreichen Gartenformen und Farben. Obwohl in Inhaltsstoffen dem Eisenhut ähnlich, sind kaum Vergiftungen bekannt geworden. **Gift** bis **Therapie** für beide Arten: Siehe Blauer Eisenhut.

## Buschwindröschen
*Anemone nemorosa*

Hahnenfußgewächse, Ranunculaceae. **Merkmale:** Das 10–20 cm groß werdende Buschwindröschen zählt zu den ersten Frühlingsblühern (März bis Mai). An jedem Blüten-

Das Buschwindröschen ist ein typischer Frühlingsblüher.

stängel entwickelt sich eine einzige weiße, manchmal leicht rosa gefärbte Blüte. **Vorkommen:** Zentral- und Westeuropa. In Laub- und Mischwäldern, unter Gebüschen, auf feuchten Wiesen. **Gift:** In allen Pflanzenteilen sind Protoanemonin und Anemonin enthalten. **Wirkung:** Bei Hautkontakt: Reizung bis Blasenbildung; bei Verschlucken: Reizende Wirkung auf die Schleimhaut des Magens und Darms, Nierenschäden möglich. **Vergiftungserscheinungen:** Nach Verschlucken größerer Mengen Erbrechen, Durchfall, blutiger Urin. **Erste Hilfe:** Gegebenenfalls einen Arzt aufsuchen. **Therapie:** Symptomatisch.

Ähnlich in ihrer Wirkung sind auch das meist hellblau blühende Leberblümchen *(Hepatica nobilis)* und die im Frühjahr violett blühende, auf Kalkböden verbreitet vorkommende Gewöhnliche Kuhschelle oder Küchenschelle *(Pulsatilla vulgaris)*. Beide Arten sind geschützt.

## Scharfer Hahnenfuß
*Ranunculus acris*

Hahnenfußgewächse, Ranunculaceae. **Merkmale:** Vom Mai bis September blühende, 30–70 cm hohe Pflanze mit stark handförmig geteilten Blättern und glänzend

gelben Blüten. **Vorkommen:** Europa.
Sehr häufig auf Wiesen; sowohl
in der Ebene als auch im Gebirge.
**Gift:** In allen Pflanzenteilen, auch
in der Wurzel, sind Saponine, Protoanemonin und Anemonin enthalten.
**Wirkung:** Haut- und schleimhautreizend, zentral erregend, zentral
lähmend. Vergiftungen beim Menschen durch diesen, auf den Wiesen
wachsenden Hahnenfuß sind äußerst
selten; trotzdem wurden sogar Vergiftungen mit tödlichem Ausgang
(durch Essen von Wurzeln und Trinken von Pflanzensaft) bekannt.
**Vergiftungserscheinungen:** Haut-
und Schleimhautreizung; nach
Verschlucken Magen-Darm-Reizung,
Nierenschäden möglich. **Erste Hilfe:**
Bei Beschwerden zum Arzt. **Therapie:** Hautreizende Wirkung beachten
und gegebenenfalls behandeln.
Nach Einnahme größerer Mengen
primäre Giftentfernung, Kohlegabe,
symptomatische Therapie.
Ähnlich in Inhaltsstoffen und Wirkung sind auch folgende gelb
blühenden Hahnenfußgewächse:
Knolliger Hahnenfuß *(R. bulbosus)*,
Gift-Hahnenfuß *(R. sceleratus)*,
Brennender Hahnenfuß *(R. flam-
mula)*, Wolliger Hahnenfuß *(R. la-
nuginosus)* und Wald-Hahnenfuß
*(R. silvaticus)*.

## Schöllkraut
*Chelidonium majus*

Mohngewächse, Papaveraceae.
**Merkmale:** Bis 70 cm hoch wird das
Schöll-, Schell- oder Warzenkraut.
Der aufrechte, innen hohle Stängel

Scharfer Hahnenfuß

dieser Staude ist an den Knoten
verdickt und abstechend behaart.
Bei Abreißen von Blättern oder
Stängeln tritt aus den Bruchstellen
ein gelber bis orangefarbener Saft.
Die Blätter sind grün bis grüngrau
mit hellerer Unterseite, mit rundlichen, buchtig gekerbten bis ein-
geschnittenen Fiederblättern und
zerstreuter Behaarung. Gelbe, etwa
2 cm große Blüten in wenig blütigen
Dolden von Mai bis Oktober. Die
bis 5 cm langen Früchte, scho-
tenähnliche Kapseln, beinhalten die
eiförmigen, schwarzen Samen. **Vorkommen:** Ganz Europa. Überall
häufig an Gemäuern, Zäunen, Gebüschen, auf Schutt und auch in
Laubwäldern. **Gift:** Alle Pflanzenteile
sind giftig und enthalten 10 verschiedene Alkaloide, darunter

Schöllkraut; der auffällig
gelborange Milchsaft kann Hautreizungen verursachen.

Chelerythrin, Chelidonin, Spartein,
Chelidoxanthin und Sanguinarin.
Vergiftungen sind sehr selten, aber
möglich. **Wirkung:** Zentral schwach
beruhigend, krampflösende Wirkung
auf Bronchien und Darm, Anregung
der Herztätigkeit, Erhöhung des
Blutdrucks, Erweiterung der Koro-
nargefäße. **Vergiftungserscheinungen:** Bei äußerlicher Einwirkung
können sich auf der Haut Blasen
und Geschwüre bilden. Innerlich
kann eine heftige Reizwirkung auf
den gesamten Verdauungskanal
auftreten (Brennen, Schmerzen,
Übelkeit, Erbrechen, blutige Durch-

fälle), Harndrang, Schwindel, Benommenheit, Kreislaufstörungen;
in tödlichen Vergiftungsfällen: Tod
im Kollaps. **Erste Hilfe:** Wegen der
im Allgemeinen geringen Menge
aufgenommener Pflanzenteile kaum
notwendig, bei größeren Mengen
zum Arzt. **Therapie:** Nach Einnahme
von größeren Mengen Erbrechen
auslösen oder Magenspülung,
Kohlegabe, Abführmittel, sonst
symptomatisch.

## Schlafmohn
*Papaver somniferum*

Mohngewächse, Papaveraceae.
**Merkmale:** Von Juni bis August
blühendes Kraut, das 40–150 cm
groß wird. Am aufrechten Stängel
sitzen die länglich-eiförmigen
Blätter mit buchtig gezähnten Blatt-
rändern; ihre Unterseite ist blau-
grün bereift. Die großen Blüten
sind weiß bis lilafarben, mit einem
dunklen Fleck am Grund der Blüten-
blätter. Endständig sitzt auf dem
behaarten Stiel die Frucht, eine bis
5 cm lange und 4 cm breite, kugelige
Kapsel, die vielkammerig wächst
und zahlreiche kleine Mohnsamen
enthält. **Vorkommen:** Mittelmeergebiet, Südeuropa. Als Ölpflanze
angebaut kommt der Mohn im
ganzen europäischen Raum vor.
Auch in Gärten als Zierpflanze verbreitet. **Gift:** In allen Milchsaft
führenden Organen sind die Alkaloide Morphin, Codein, Thebain, Papaverin und Narcotin enthalten. Im
reifen Mohnsamen sind nur noch
0,01% Alkaloide nachweisbar. Aus

dem weißen Milchsaft wird Opium gewonnen. Vergiftungen durch Aufnahme frischer Pflanzenteile sind nicht bekannt. Früher kamen Vergiftungsfälle durch den Schlafmohn relativ häufig vor, da man Kleinkindern und Säuglingen, besonders auf dem Lande, Abkochungen von unreifen Mohnköpfen als Schlaftee verabreichte. **Wirkung:** Morphin: Zentralschmerzstillend; beruhigend auf Atem- und Herzzentrum; Herabsetzung der Drüsensekretion; Beruhigung und Euphorie. Periphere Wirkung, vor allem Beeinflussung der glattmuskeligen Organe (steigert den Tonus der glatten Muskulatur). Codein: Hustenstillende Wirkung. Thebain: Krampfgift. Papaverin: Periphere, erschlaffende Wirkung auf die glatte Muskulatur (krampflösende Wirkung im Gebiet des Magen-Darm-Trakts). Narcotin: Verstärkt die zentral-narkotische Morphinwirkung auf das Großhirn; erregend auf die Atmung, peripher erschlaffend auf die glatte Muskulatur. **Vergiftungserscheinungen:** Schon etwa eine $\frac{1}{2}$–1 Stunde nach Einnahme des Giftes kommt es zu Schwere im Kopf, Schwindelgefühl, Erbrechen, zunehmender Benommenheit und allgemeiner Erschlaffung, Schlaf und tiefer Bewusstlosigkeit und zu zwar schon von Anfang an bestehender, aber ständig zunehmender Atemschädigung. Die charakteristischen Hauptsymptome der akuten Vergiftung sind schwere Atemschädigung und hochgradige Pupillenverengung. **Weitere Vergiftungserscheinungen:** Zunächst starke Verlangsamung, später Be-

Schlafmohn kommt auch in einer weißblütigen Form vor.

schleunigung und Abschwächung der Herztätigkeit, Absinken der Körpertemperatur, Harn- und Stuhlverhalt. Nach oraler Einnahme des Giftes tritt der Tod oft erst nach vielen Stunden durch zentrale Atemlähmung ein. **Erste Hilfe:** Bei Beschwerden zum Arzt. **Therapie:** Nur nach Einnahme größerer Mengen primäre Giftentfernung, Kohlegabe, sonst symptomatisch.

Die dreikantigen Früchte der Rotbuche (Bucheckern) sitzen in behaarten, holzigen Fruchtbechern. Der Verzehr größerer Mengen kann Beschwerden verursachen.

## Rotbuche
*Fagus silvatica*

Buchengewächse, Fagaceae. **Merkmale:** Mittelgroßer bis großer Baum, der etwa 25–30 m hoch wird. Die Blätter sind spitz-eiförmig, mit welligem, mitunter nach der Spitze zu buchtig gezähntem Rand. Der Baum wächst mit glatter, glänzender Rinde, die zunächst graubraun, dann weißgrau gefleckt und im Alter perlmuttglänzend silbergrau ist. Die Früchte (Bucheckern) sind scharf dreikantig, rotbraun und reifen in einem weichstacheligen, holzigen, zur Reife aufklaffenden Fruchtbecher. **Vorkommen:** Weit verbreiteter Baum der Ebenen und Mittelgebirge. **Gift:** Thermolabiler, reizender Wirkstoff vor allem in den Früchten, außerdem Saponine und Alkaloide. **Wirkung:** Reizende Wirkung auf die Magen- und Darmschleimhaut. **Vergiftungserscheinungen:** Nach dem Genuss von Bucheckern Erbrechen und Durchfall. In schweren Fällen sind Benommenheit, Krämpfe und Lähmungserscheinungen möglich. **Erste Hilfe:** Bei Beschwerden zum Arzt. **Therapie:** Nach Einnahme größerer Mengen Früchte primäre Giftentfernung, Gabe von Kohle und Abführmittel und symptomatische Therapie.

## Kornrade
*Agrostemma githago* R 1

Nelkengewächse, Caryophyllaceae.
**Merkmale:** Mit einem einfachen
oder wenig verzweigten Stängel, der
weißfilzig behaart ist, kann die
Pflanze eine Höhe von 1 m erreichen.
Die linealischen Blätter sind paarweise angeordnet. Von Juni
bis Juli stehen die violetten, selten
weißen Blüten an langen Stängeln.
Die Frucht ist eine 5-eckige Kapsel.
**Vorkommen:** War ursprünglich in
Getreidefeldern weit verbreitet.
Durch moderne Getreidereinigung
selten geworden. **Gift:** In den Samen
Githagenin. **Wirkung:** Starke Reizwirkung auf den Magen-Darm-Trakt.
**Vergiftungserscheinungen:** Vergiftungen extrem selten, früher
durch mangelhafte Reinigung des

Goldlackblüten

Getreides häufiger starke Magen-
schmerzen, Erbrechen, Durchfall,
Benommenheit, Atembeschwerden.
**Erste Hilfe:** Bei Beschwerden zum
Arzt. **Therapie:** Überwachung,
symptomatische Maßnahmen.

## Goldlack
*Erysimum cheiri*

Kreuzblütler, Brassicaceae. **Merkmale:** Die 2-jährige Pflanze kann
über 50 cm hoch werden und hat
schmale, lanzettliche Blätter, die
ganzrandig und behaart sind. Die
über 2 cm großen Blüten sind bei
den Wildpflanzen gelb, bei Gartenformen gelbbraun bis violett, duften

Die Kornrade ist selten geworden.

stark und bilden dichte endständige
Trauben. Der Fruchtknoten wächst
zu einer bis 8 cm großen Schote
aus, die viele ca. 3 mm große Samen
enthält. **Vorkommen:** Im Mittelmeergebiet beheimatet. Gartenpflanze in
ganz Europa; teilweise verwildert
auf steinigen nährstoffreichen
Böden, Mauerfugen, Schuttplätzen.
**Gift:** Digitalisartig wirkende Glykoside. **Wirkung:** Auf die Herzmuskulatur. **Vergiftungserscheinungen:**
Beim Menschen keine Vergiftungen
bekannt. Zu erwarten wären Störungen der Herzwirkung und Kreislauf-
symptome. **Erste Hilfe:** Keine. **Therapie:** Überwachung.

Schönheit im Gebirge: die Alpenrose.

## Rostblättrige Alpenrose
*Rhododendron ferrugineum*

Heidekrautgewächse, Ericaceae.
**Merkmale:** Die Alpenrose wächst als
vielblättriger Strauch bis etwa
1 m Höhe. An ihren Zweigen stehen
eiförmige, immergrüne ledrige Blätter mit dunkelgrüner Oberseite und
mit rostbraunen Drüsenschuppen
besetzter Unterseite. Die lang gestielten dunkelroten Blüten werden
in Doldentrauben gebildet. **Vorkommen:** In der gesamten Alpenkette
über 1000 m bis 2800 m Höhe.
Vergiftungen können auch durch
die Bewimperte Alpenrose *(Rhododendron hirsutum)* und viele
andere *Rhododendron*-Arten im Bereich des Möglichen liegen. **Gift:** In
den Blättern und Blüten Grayanoto-
xine (toxische Diterpene). Der
Hauptwirkstoff ist Acetylandrome-
dol. **Wirkung:** Schleimhautreizende

Wirkung. Der Honig aus Blüten
einiger Rhododendronarten ist
wegen des Gehaltes an Dipterpenen
giftig: Es kann zu Herz-Kreislauf-
Störungen kommen. **Vergiftungserscheinungen:** Übelkeit, Erbrechen,
Bauchkrämpfe, Durchfall, Muskel-
zittern. Nach Genuss von Honig
kommt es nach einer Latenz von

Auch die häufig in Parks und Gärten
gepflanzten Rhododenron- und Azaleen-
arten können zu ähnlichen Beschwerden
führen wie die Alpenrosen.

1–5 Stunden zur Blutdruckernie-
drigung, zu verlangsamtem Herzschlag und Herzrhythmusstörungen.
**Erste Hilfe:** Bei Beschwerden ist
eine Behandlung in der Klinik erforderlich. **Therapie:** Primäre Giftentfernung, immer stationäre Überwachung und symptomatische
Therapie.

## Rauschbeere
*Vaccinium uliginosum*

Heidekrautgewächse, Ericaceae.
**Merkmale:** Der kleine Strauch kann
bis 1 m hoch werden und ähnelt mit
seinen braunen, runden Zweigen der
Heidelbeere, die jedoch kleiner ist
und kantig grüne Zweige hat. Die
vielsamigen, blau bereiften Früchte
sind größer als Heidelbeeren, kuge-

lig oder birnenförmig und enthalten
einen farblosen Saft mit fadem
süß-säuerlichen Geschmack. Die
Rauschbeere wird regional auch
Trunkelbeere genannt. **Vorkommen:**
Nordeuropa in Mooren, moorigen
Wäldern und Hochgebirgsheiden.
**Gift:** Die Blätter enthalten Hypero-
sid, Ursolsäure und andere orga-
nische Säuren. In den Beeren ist der
Wirkstoff nicht bekannt. **Wirkung:**
Auf das Zentralnervensystem,
schleimhautreizende Wirkung. **Vergiftungserscheinungen:** Die Verwechslung mit der essbaren Heidelbeere verursacht Übelkeit, Erbrechen, Schwindel, weite Pupillen,
Benommenheit bis Rauschzustand.
**Erste Hilfe:** Bei ausgeprägten Beschwerden zum Arzt. **Therapie:**
Gabe von Kohle und Laxans, sonst
symptomatische Therapie.

Die Früchte der Rauschbeere sollten auf keinen Fall mit Heidelbeeren verwechselt
werden.

## Schwarze Krähenbeere
*Empetrum nigrum*     R 3

Krähenbeerengewächse, Empetraceae. **Merkmale:** Die Krähenbeere ist ein nieder liegender, reich verästelter, bis etwa 50 cm groß werdender Strauch mit nadelförmigen glänzenden Blättern, die etwa 4–6 mm lang werden und unterseits eine weiße Rinne haben. Die Früchte sind erbsengroße kugelige Beeren, die schwarz glänzend und einzeln in den Blattachseln sitzen. Sie beinhalten mehrere kleine Steinkerne, einen roten Saft und schmecken sauer. **Vorkommen:** In Deutschland verbreitet an den Küsten auf Dünen und Inseln, auf Torfmooren, Heiden, in den meisten Mittelgebirgen und den Alpen. **Gift:** Ursolsäure, Rutin, Quercetin. **Wirkung:** Keine Vergiftungen nach dem Genuss von Beeren vorgekommen. **Vergiftungserscheinungen:** Die Beeren sind essbar. Bienenhonig von Empetrum kann Magen-Darm-Beschwerden hervorrufen. **Erste Hilfe:** Keine. **Therapie:** Symptomatisch.

## Eberesche
*Sorbus aucuparia*

Rosengewächse, Rosaceae. **Merkmale:** Die Eberesche, auch Vogelbeerbaum genannt, wird bis etwa 10 m hoch. Aus 9–19 kleinen, länglich-lanzettlichen, am Rande scharf gesägten kleinen Blättchen sind die

Schwarze Krähenbeere mit Früchten.

Es gibt verschiedene Formen der Eberesche, die sich im Gehalt von Zucker und Bitterstoffen in den Früchten unterscheiden. Abgekochte Beeren sind ungefährlich.

Laubblätter zusammengesetzt. Unangenehm riechende kleine weiße Blüten, die in großen Trugdolden stehen, trägt der Baum von Mai bis Juni. Im August beginnen die Früchte, die Vogelbeeren, zu reifen. Sie werden etwa erbsengroß, sind zuerst grün, dann leuchtend gelb bis korallenrot und stehen in großen Büscheln. **Vorkommen:** In fast ganz Europa. In Wäldern und Gebüschen, sowohl auf trockenem als auch auf feuchtem Boden; geht auch im Gebirge bis fast an die Baumgrenze. Häufig in Gärten, Anlagen und an Straßen. **Gift:** Amagdalin, Sorbinsäure und Parasorbinsäure in den Beeren. **Wirkung:** Örtliche Reizwirkung; resorptive Wirkung mit rauschartigem Zustand. Vergiftungen selten, nur nach Aufnahme größerer Mengen frischer Beeren. **Vergiftungserscheinungen:** Erbrechen, Magen-Darm-Entzündung, weite Pupillen, scharlachähnliche Hautausschläge. Durch den Harn wird vermehrt Zucker und Eiweiß ausgeschieden. **Erste Hilfe:** Nur bei Beschwerden zum Arzt. **Therapie:** Nach Einnahme größerer Menge Kohlegabe, sonst symptomatisch.

Sowohl Blätter als auch Früchte des als Gartenpflanze beliebten Kirschlorbeers enthalten Giftstoffe.

## Kirschlorbeer
*Prunus laurocerasus*

Rosengewächse, Rosaceae. **Merkmale:** Strauch oder Baum, bis etwa 6 m hoch werdend. Die kurz gestielten Blätter sind oval-länglich, zugespitzt, mit ganzrandigem bis kleingesägtem Blattrand. Sie werden bis 15 cm lang und 4–6 cm breit; ihre Oberseite glänzt dunkelgrün, die Unterseite ist hellgrün, mit hervortretender Mittelrippe. Die zu mehreren in achselständigen Trauben stehenden weißen Blüten entwickeln sich zu ovalen, schwarzen, wachsartig überzogenen Beeren, die im weißen Fruchtfleisch einen glatten

Blütenstände des Kirschlorbeers.

Stein enthalten. **Vorkommen:** In fast ganz Europa als Zierstrauch in Parkanlagen, Gärten, Friedhöfen sowie als Hecke. **Gift:** Blausäureglykoside Prunasin und Amygdalin in Blättern und Samen. Im Fruchtfleisch der Beeren sind keine Glykoside enthalten. **Wirkung:** Reizende Wirkung auf Magen-Darm-Schleimhaut, Atem- und Kreislaufstörungen. **Vergiftungserscheinungen:** Erbrechen, Durchfall; rotes Gesicht, Erregung, Kopfschmerzen, Schwindel, verstärkte Atmung, Somnolenz bis Bewusstlosigkeit. **Erste Hilfe:** Bei Symptomen immer in die Klinik. **Therapie:** Nach Verschlucken der Blätter und von mehr als 5 Früchten: primäre Giftentfernung, Kohlegabe. Wirkung der cyanogenen Glykoside beachten und gegebenenfalls wie Blausäurevergiftung behandeln.

Die uns bekannten Mandeln – nur die Bittermandel ist gefährlich – sitzen als Samen in den harten Steinkernen der Früchte.

# Mandel
*Prunus dulcis*

Rosengewächse, Rosaceae. **Merkmale:** Bis 4 m hoch werdender Strauch oder Baum mit abstehenden Ästen. Die Blätter sind schmal-lanzettlich, mit scharf gesägtem Blattrand. Die länglich-eiförmige Frucht ist in der Reife rotbraun und enthält einen 3–4,5 cm großen Steinkern, der mit vielen Grübchen versehen ist und als Samen die bekannte Mandel birgt. **Vorkommen:** Mittelmeergebiet, wärmeres West- und Mitteleuropa, häufig in Gärten angepflanzt. **Gift:** Cyanogene Glykoside in den Blättern und Früchten der Bittermandel. Nur diese ist ernsthaft gefährlich. **Wirkung:** Reizend auf Magen- und Darmschleimhaut, Störung der Atem- und Kreislauffunktion. **Vergiftungserscheinungen:** Symptome können nur nach größeren Mengen auftreten: Erbrechen, Bauchschmerzen, Angst, Schwindel, Kopfschmerzen, Atemnot mit verstärkter Atmung, Somnolenz bis Bewusstlosigkeit. **Erste Hilfe:** Bei Beschwerden zum Arzt. **Therapie:** Die Wirkung der cyanogenen Glykoside beachten und gegebenenfalls wie Blausäurevergiftung behandeln.

fehlend. **Gift:** Das Alkaloid Spartein. **Wirkung:** Spartein wirkt auf das Zentralnervensystem; periphere Wirkung qualitativ wie Nikotin: Erst erregend, dann lähmend auf die Nervenzellen des vegetativen Systems; hat auch herzberuhigende und kranzgefäßerweiternde Wirkung. **Vergiftungserscheinungen:** Erbrechen, Bauchschmerzen möglich. Nach Einnahme größerer Mengen erweiterte Pupillen, Herzrhythmusstörungen möglich. **Erste Hilfe:** Gegebenenfalls zum Arzt. **Therapie:** Primäre Giftentfernung nach Einnahme größerer Mengen Samen, Kohlegabe, sonst symptomatisch.

Besenginster in voller Blüte.

## Besenginster
*Sarothamnus scoparius*

Schmetterlingsblütler, Fabaceae. **Merkmale:** Im Frühjahr blühender, 1–2 m hoher, spärlich belaubter Strauch. Zu 1–2 sitzen die großen gelben Blüten am Stängel. Die Frucht ist eine schwarzbraune Hülse, die zahlreiche Samen enthält. **Vorkommen:** West- und Südeuropa. An sonnigen, felsigen Plätzen, an Wegrändern, auf Sand- und Heidegebieten; angepflanzt. In den Alpen

## Goldregen
*Laburnum anagyroides*

Schmetterlingsblütler, Fabaceae. **Merkmale:** Baumähnlicher, bis 7 m hoher Strauch mit glatter Rinde. Die dreigeteilten, langstieligen, dunkelgrünen Blätter sind an der Oberseite glatt, an der Unterseite wollig behaart. Von April bis Mai blüht der Goldregen (Bohnenbaum) in langen, reichblütigen Trauben. Etwa ab Juli reifen die Samen in knotigen Hülsen (bohnenähnlich), die anfangs grün und anliegend seidenhaarig sind, später jedoch fast kahl und bräunlich grau werden. **Vorkommen:** Die ursprüngliche Heimat ist Süd- und Südosteuropa. Er wurde jedoch

Goldregen wird gern als Ziergehölz ge- ▷ pflanzt. Im kleinen Foto die reifen Früchte.

schon vor Jahrhunderten kultiviert und ist heute schon bis Südschweden verwildert; häufig in bergigen Gegenden, auf Holzschlägen und bebuschten Hügeln. Wegen seiner Anspruchslosigkeit und seiner herrlichen Blüten in Anlagen, Gärten, Freibädern und leider auch in nächster Umgebung von Schulen und Kindergärten angepflanzt, was leider schon mehrmals die Ursache von Massenvergiftungen war. **Gift:** Cytisin ist hauptsächlich in den Blüten, im Samen und in den Wurzeln enthalten. Die meisten Vergiftungsfälle traten bei Kindern im Vorschulalter auf. Zunächst spielten die Betroffenen meist mit Blüten, Früchten und Samen, kauten dann aber andere Pflanzenteile und verschluckten dieselben. Auch nach dem Kauen an den Zweigen und an der wie Süßholz schmeckenden Wurzel zeigten sich Vergiftungserscheinungen. **Wirkung:** Auf das Zentralnerven-

system erst erregend, dann lähmend. **Vergiftungserscheinungen:** Etwa eine $^1/_2$–1 Stunde nach Giftaufnahme: Brennen in Mund und Rachen, Übelkeit, Erbrechen, starker Durst, Magen-Darm-Krämpfe, Schweißausbruch, Kopfschmerzen, Kreislaufkollaps, Muskelzuckungen, Krämpfe und Kontrakturstellung der Extremitäten. Bei tödlichen Vergiftungen allgemeine Lähmung, Tod im Kollaps infolge Atemlähmung. Als tödliche Dosis bei Kindern werden 3–4 Früchte bzw. 15–20 Samen angegeben. **Erste Hilfe:** Vorstellung in der Klinik. **Therapie:** Ab mehr als drei Samen primäre Giftentfernung, Kohlegabe, sonst symptomatische Therapie, gegebenenfalls intensivmedizinische Überwachung. Kaum Vergiftungen bekannt geworden sind durch den gelb blühenden Blasenstrauch (*Colueta arborescens*); die Blätter enthalten einen chemisch noch nicht erforschten Bitterstoff, die in Schoten reifenden Samen sollen Erbrechen auslösend sein.

Blasenstrauch; die Samen in den auffälligen Früchten können Beschwerden hervorrufen.

## Blauregen, Glyzinie
*Wistaria sinensis*

Schmetterlingsblütler, Fabaceae. **Merkmale:** Der Blauregen oder die Glyzinie ist ein Kletterstrauch, der eine Höhe bis zu 20 m erreicht. Die gefiederten dunkelgrünen Laubblätter setzen sich aus 7–11 eiförmigen bis lanzettlichen, zugespitzten Fiederblättchen zusammen und werden etwa 30 cm lang. Die hell- oder blauvioletten Blüten hängen

in lockeren Trauben und werden ebenfalls etwa 30 cm lang. **Vorkommen:** Die aus China stammende Pflanze wird als Zierstrauch an Häusern und Pergolen angepflanzt. **Gift:** Lektine in der ganzen Pflanze, außerdem das Glykosid Wistarin in der Rinde und in den Wurzeln. **Wirkung:** Reizende Wirkung auf die Magen- und Darmschleimhaut. **Vergiftungserscheinungen:** Wenige Samen führen zu Erbrechen und starkem Durchfall, Schwindel. **Erste Hilfe:** Bei der Einnahme größerer Mengen zum Arzt. **Therapie:** Kohlegabe, sonst symptomatische Therapie; gegebenenfalls primäre Giftentfernung.

Der Blauregen besitzt attraktive Blütentrauben.

Bereits wenige Samen aus den Früchten des Blauregens führen zu Erbrechen und starkem Durchfall.

## Robinie
*Robinia pseudoacacia*

Schmetterlingsblütler, Fabaceae. **Merkmale:** Auch Falsche Akazie nennt man diesen bis 20 m hohen Baum. Die Blätter sind aus Fiederblättchen unpaarig zusammengesetzt; Fiederblättchen eiförmig bis elliptisch, ganzrandig, mit sattgrüner Oberseite und graugrüner Unterseite. Zweige und junge Äste sind mit paarweise stehenden Dornen besetzt. Von Mai bis Juni trägt der Baum in hängenden, lockeren, reichblütigen Trauben weiße, wohlriechende Blüten. Etwa im Oktober/November reifen dann, in Hülsen hängend, die nierenförmigen Samen, die aber erst im Februar aus den Hülsen fallen. **Vorkommen:** Die aus Nordamerika stammende Robinie ist als Zierbaum, als Forstbaum, aber auch verwildert in ganz Europa anzutreffen. **Gift:** Lektingemisch (Toxalbumine) vor allem in der Rinde, weniger in Samen und Blättern. **Wirkung:** Agglutinierend auf Erythrozyten und gewebszerstörend. **Vergiftungserscheinungen:** Bei Verzehr von Samen durch Kinder Übelkeit, Erbrechen, Bauchschmerzen und Durchfall. Schwere Vergiftungen wurden bei Tieren (Pferde, Rinder) beobachtet nach Einnahme der Rinde: Tachykardie, Koliken, blutige Durchfälle, Mydriasis, Kollaps, Tod. **Erste Hilfe:** Gegebenenfalls zum Arzt. **Therapie:** Bei Einnahme von mehr als fünf Samen primäre Giftentfernung, Kohlegabe, symptomatische Therapie.

Blütentrauben der Robinie.

# Vielblättrige Lupine
*Lupinus polyphyllus*

Schmetterlingsblütler, Fabaceae. **Merkmale:** Von Juni bis August blühende, mehrjährige Pflanze, die bis 1,5 m hoch wird. Die Blätter sind 10- bis 15-zählig gefingert, die lanzettlichen Teilblättchen sind unterseits seidig behaart. 50–80 leuchtend blaue Blüten sind in übereinander stehenden Quirlen angeordnet. **Vorkommen:** Aus Nordamerika stammende, eingebürgerte Staude, die in Wäldern und an Böschungen verwildert ist und als Zierpflanze häufig in Gärten angepflanzt wird. **Gift:** Im Samen 1–1,5% Alkaloide: Lupinidin (= Spartein), Lupinin; Glykosid: Lupinid. **Wirkung:** Je nach Dosis hat Lupinidin eine erregende oder lähmende Wirkung auf das Zentralnervensystem; auf das vegetative Nervensystem übt es eine nikotinartige periphere Wirkung aus. Bei Kindern sind Vergiftungen durch Lupinensamen vorgekommen. **Vergiftungserscheinungen:** Bald nach dem Verzehr der Samen stellen sich Speichelfluss, Übelkeit und Erbrechen ein, Schluckbeschwerden, verlangsamte Herzfrequenz, Rhythmusstörungen. In schweren Fällen an den Beinen beginnende, allmählich aufsteigende Lähmung (selten Krämpfe) bis zur tödlichen Atemlähmung bei vollem Bewusstsein. **Erste Hilfe:** Gegebenenfalls zum Arzt. **Therapie:** Nach Einnahme größerer Mengen Samen primäre Giftentfernung, Kohlegabe, stationäre Überwachung.

Pflanze. Die lang gestielten Blätter sind 5–9-zählig gefingert. In übereinander stehenden Quirlen angeordnet sind die dottergelben, wohlriechenden Blüten. Die Frucht ist eine bis 6 cm lang und 1 cm breit werdende, knotige, dicht behaarte Hülse, die vier bis sieben gelblich- oder rötlichweiße, dunkel marmorierte Samen enthält. **Vorkommen:** Ursprünglich aus Südeuropa kommend, in Deutschland angebaut oder verwildert. Zierpflanze. **Gift** bis **Therapie:** Siehe Vielblättrige Lupine. Ähnlich ist die Blaue Lupine *(L. angustifolius)*; diese einjährige Pflanze wird 1 m hoch und trägt hellblaue Blüten. **Gift** bis **Therapie:** Siehe Vielblättrige Lupine.

Reife Hülsenfrüchte der Lupine; Vergiftungen bei Kindern durch die Samen sind vorgekommen.

Vielblättrige Lupine; neben der blaublütigen Form werden zahlreiche weitere in den verschiedensten Farben als Gartenpflanze angeboten.

## Gelbe Lupine
*Lupinus luteus*

Schmetterlingsblütler, Fabaceae.
**Merkmale:** Im Sommer blühende, 30–60 cm groß werdende einjährige

Bunte Kronwicke

Glykosid Coronillin. **Wirkung:** Schleimhautreizend im Magen und Darm. **Vergiftungserscheinungen:** Übelkeit, Erbrechen, Durchfall. **Erste Hilfe:** Bei Beschwerden zum Arzt. **Therapie:** Kohlegabe, symptomatische Maßnahmen.

## Bunte Kronwicke
*Coronella varia*

Schmetterlingsblütler, Fabaceae. **Merkmale:** Die auch Giftwicke genannte mehrjährige Pflanze hat lange, nieder liegende Stängel und ungleich gefiederte Blätter, mit elliptischen, stachelspitzigen Einzelblättern. Die weißen Blüten haben eine rotviolette Fahne und einen weißen, an der Spitze fast schwarzen Kiel (Schiffchen). **Vorkommen:** Süd- und Mitteleuropa. Auf Halbtrockenrasen verbreitet. **Gift:** Das

## Feuerbohne
*Phaseolus coccineus*

Schmetterlingsblütler, Fabaceae. **Merkmale:** Die Feuerbohne ist ein 2–4 m hohes, kletterndes Kraut mit windendem Stängel. Die langstieligen Blätter sind aus drei eiförmigen, ganzrandigen Einzelblättchen zusammengesetzt. Von Juni bis September blühend und fruchtend, zeigt die Feuerbohne lang gestielte, zu mehreren (6–9) stehende feuerrote Blüten. Ebenfalls zu mehreren hängen dann die reifen Hülsen (Schoten), die sich rau anfassen, zunächst grün, später bräunlich sind und 3–5 Samen (glatte Bohnen, schwarzbraun gefleckt) beinhalten. **Vorkommen:** Europa; angebaut. **Gift:** Phasin und Phaseolunatin. Als giftige Pflanzenteile sind ausschließlich die Bohnen bekannt; diese aber nur, wenn sie im rohen, besonders im gekeimten Zustand gegessen werden. Gekochte Bohnen sind unschädlich. **Wirkung:** Den Magen-Darm-Trakt reizend, geringe harntreibende Wirkung. **Vergiftungserscheinungen:** Etwa eine $1/2$–1 Stunde nach Aufnahme kommt es zu Erbrechen, Durchfällen mit Darmkrämpfen und Darmschleimhautentzündung, Kollaps; weite Pupillen.

**Erste Hilfe:** Nach Verzehr mehrerer roher Bohnen stationäre Einweisung. **Therapie:** Evtl. Giftentfernung, sonst symptomatische Maßnahmen.

## Gartenbohne
*Phaseolus vulgaris*

Schmetterlingsblütler, Fabaceae. **Merkmale:** Ein kletterndes Kraut, das mit linkswindendem Stängel bis etwa 4 m lang wird. Blätter aus 3 eiförmigen, ganzrandigen Einzelblättern zusammengesetzt. Die Gartenbohne blüht und reift von Juni bis September; zu mehreren (6–9) stehen ihre weißen bis gelblich weißen Blüten. Die glatten Hülsen (Schoten) sind abgeflacht, gerade bis gebogen und grün, bei Reife gelblich. In einer Schote sind 2–8 weiße Samen (Bohnen), die bis zu 1,5 cm breit und 2,5 cm lang werden. **Vorkommen:** Europa. Überall in vielen Varietäten kultiviert. **Gift:** Phasin und Phaseolunatin. Ebenso wie bei der Feuerbohne sind auch hier nur Vergiftungen durch rohe Bohnen möglich; gekocht sind sie völlig unschädlich. **Wirkung** und **Therapie:** Siehe Feuerbohne.

Blüten und Früchte der Feuerbohne. Nur rohe Bohnen sind gefährlich; gekocht sind Samen und Früchte völlig unschädlich.

## Rosskastanie
*Aesculus hippocastanum*

Rosskastaniengewächse, Hippocastanaceae. **Merkmale:** Bis 20 m hoher Baum, weit ausladend mit reich belaubter Krone. Die dunkelgrünen, lang gestielten, bis 20 cm langen Blätter sind gegenständig, gefingert, mit 5–7 sitzenden Fiedern, wobei jedes Fiederblatt verkehrt eiförmig, oben zugespitzt und ungleich gekerbt bzw. gesägt ist. In den Monaten Mai und Juni zeigt sich der Baum in wunderbarer Blütenpracht: weiße Blüten mit gelbem bis rotem Saftmal in großen, aufrechten Rispensträußen, die im Volksmund als »Kerzen« bezeichnet werden. Während dieser Zeit hat der eigentlich für uns wertlose Baum den einzigen Nutzen: als Nektarspender für unsere Bienen. Im Herbst reifen dann in einer grünen, weichen, mit Stacheln versehenen Hülle, glän-

Samen der Rosskastanie; unreif können sie in größerer Menge Kindern gefährlich werden.

zend rotbraune große Samen mit einem grauweißen Nabelfleck. Bei völliger Reife der Samen springt die Hülle auf und die Kastanien fallen zu Boden. Verwendung finden sie als Nahrung für unsere Waldtiere; auch in einigen pharmazeutischen Betrieben werden Kastanien noch zur Verarbeitung angenommen. **Vorkommen:** Ursprünglich in den Balkanländern beheimatet, wurde der Baum in Zentral- und Südeuropa eingeführt und ist nun weit verbreitet und über-

all anzutreffen; als Zierbaum in Anlagen, als Alleebaum und als Schattenspender in Wirtschaftsgärten. **Gift:** Die unreifen Früchte und ihre grünen Schalen, vermutlich auch die Zweige, enthalten Saponine, Vergiftungen durch den Genuss der Rosskastanie sind äußerst selten. Das Aufbeißen der Schale oder das Zerbeißen einer Frucht führt keinesfalls zu einer Vergiftung. **Wirkung:** Saponine werden nur in geringerem Grade resorbiert. Bei Entzündung des Magen-DarmTrakts ist jedoch die Resorption erhöht. Saponin wirkt lokal reizend; Auflösung roter Blutkörperchen (Hämolyse). **Vergiftungserscheinungen:** Reizende Wirkung auf Magen-und Darmschleimhaut. Die Einnahme größerer Mengen kann eine Auflösung der roten Blutkörperchen (Hämolyse) bewirken. Symptome: Erbrechen, Durchfall; in der älteren Literatur wird berichtet über Unruhe, Verwirrtheitszustände, gerötete Gesichtshaut, erweiterte Pupillen. **Erste Hilfe:** Bei Beschwerden zum Arzt. **Therapie:** Nach Aufnahme größerer Mengen stationäre Überwachung, symptomatische Therapie.

## Efeu
*Hedera helix*

Efeugewächse, Araliceae. **Merkmale:** Der Efeu ist eine immergrüne Holzpflanze, die mit Hilfe von Haftwurzeln klettert. Die dunkelgrünen, lederartigen und glänzenden Blätter weisen verschiedene Formen auf; so sind z. B. die Blätter der Blütentriebe eiförmig oder rautenförmig, während die Blätter der Laubtriebe 3–5-lappig sind. Wenn die Pflanze ein bestimmtes Alter erreicht hat oder über ihre »Stütze« hinauswächst, entwickelt sie Zweige, die nicht mehr klettern, sondern aus-

Efeu: oben Früchte und ovale Blätter, unten Kletterspross mit gelappten Blättern. Alle Teile sind giftig.

streben und dann nicht mehr ge-
lappte oder eckige, sondern rundli-
che Blätter tragen. Erst dann blüht
der Efeu jährlich. Die in dichten,
halbkugeligen Dolden angeordneten
kleinen, gelblich grünen oder weißlichen Blüten sind leicht zu über-
sehen, da sie unscheinbar aussehen
und zu einer Zeit blühen, während
der man eigentlich nicht damit
rechnet, nämlich im Oktober und
November. Die ungenießbaren,
bitter schmeckenden Früchte –
blauschwarze, kugelige, etwa
erbsengroße Beeren – reifen im
Frühjahr. **Vorkommen:** In ganz Europa überall häufig; in Wäldern, an
Felsen, Mauern, Zäunen und als
Zierpflanze. **Gift:** Die Stängel, Blätter und Beeren des Efeus enthalten
Saponine, darunter Hederin. Vergiftungen durch Pflanzenteile sind bei
Erwachsenen noch nicht bekannt geworden. Jedoch wurden bei Kindern,
die Beeren gegessen hatten, schwere Vergiftungen mit zum Teil tödlichem Ausgang beobachtet. Diese
Fälle sind aber äußerst selten; die
Beeren sind hart, beinhalten fünf
Kerne und schmecken sehr bitter,
sodass den Kindern nach einer
»Kostprobe« meist der Appetit
vergeht. **Wirkung:** Reizung der
Magen- und Darmschleimhaut.
**Vergiftungserscheinungen:** Nach
Verschlucken Erbrechen und Durchfall; größere Mengen können
Krampfanfälle zur Folge haben. Der
Hautkontakt kann zu Hautausschlag
führen. **Erste Hilfe:** Gegebenenfalls
zum Arzt. **Therapie:** Meistens sind
symptomatische Maßnahmen aus-
reichend.

## Essigbaum
*Rhus typhina*

Sumachgewächse, Anacardiaceae.
**Merkmale:** Bis 5 m hoch werdender
sommergrüner Baum, dessen junge
Zweige samtig behaart sind. Die
großen, scharf gesägten Blätter sind
unpaarig gefiedert. Von Juni bis Juli
sieht man seine kegelförmigen,
dicht rotbraun beschuppten Blüten-
rispen aufrecht auf den Zweigen stehen. Im Herbst zeigen die Blätter
dieses Baumes eine Farbenpracht,
die wesentlich zu seiner Beliebtheit
beigetragen hat. **Vorkommen:** Nordamerika. Häufig als Zierpflanze in
Gärten, aber auch verwildert anzutreffen. **Gift:** Der Essigbaum ist nur

Beginnende Herbstfärbung
des Essigbaumes.

schwach giftig und daher ungefährlich. Erwähnenswert sind noch der ebenfalls nur schwach giftige Perückenstrauch *(Cotinus coggyria)* und der wesentlich giftigere Giftsumach oder Giftefeu *(Rhus toxicodentron)* aus Nordamerika, der fast ausschließlich in botanischen Gärten zu finden ist. Alle folgenden Angaben beziehen sich auf den Giftsumach! **Vergiftungserscheinungen:** Nach Hautkontakt starke Rötung, Schwellung, Blasenbildung, Schmerzen und starker Juckreiz. Nach Verschlucken heftige schleimhautreizende Wirkung zu erwarten. **Therapie:** Im Vordergrund steht die symptomatische Therapie der Hautveränderungen.

## Gefleckter Schierling
*Conium maculatum*

Doldengewächse, Apiaceae. **Merkmale:** Diese 1–2 m hohe Pflanze bildet spindelförmige, weißliche Pfahlwurzeln mit aufrechten, röhrigen, fein gerillten Stängeln, die im unteren Teil purpurrote Flecken aufweisen. Die dunkel- bis graugrünen Blätter sitzen an runden, kahlen Stielen und sind 2–5fach gefiedert. Von Juni bis September blüht der Gefleckte Schierling in großen, 10- bis 20-strahligen zusammengesetzten Dolden. Die Früchte sind grünlich braun, eiförmig zusammengedrückt, etwa 3 mm lang, mit wellig gekerbten Rippen. An sehr heißen Tagen gibt der Schierling einen widerlichen, mäuseharnähnlichen Geruch ab. **Vorkommen:** Gesamt-

europa, vorzugsweise in wärmeren Gegenden. Kommt sowohl im Flachland als auch im Gebirge vor; an Hecken, Wegrändern, brachliegenden Böden oder Zäunen. **Gift:** Alle Teile der Pflanze enthalten Coniin

Gefleckter Schierling: Verwechslungen mit Suppengewürzen sind schon vorgekommen.

sowie vier weitere Alkaloide, außerdem ätherisches Öl. Vergiftungen durch den Gefleckten Schierling kommen in der heutigen Zeit äußerst selten vor und beruhen meist auf unbeabsichtigten Verwechslungen des Krautes mit Suppengewürzen. Bei Kindern wurden Vergiftungen durch den Verzehr der Wurzel bekannt. In der Antike fand der Gefleckte Schierling Verwendung bei Hinrichtungen. So beschreibt Plato den Tod des Sokrates, der 399 vor Christus zum Tod durch Trinken des »Schierlingbechers« verurteilt wurde. **Wirkung:** Coniin wirkt zuerst erregend, dann lähmend auf das Rückenmark und auf die Medulla oblongata. Die Wirkung auf die Muskeln und auf das vegetative Nervensystem ist nikotinähnlich. **Vergiftungserscheinungen:** Etwa eine halbe bis zwei Stunden nach der Giftaufnahme Brennen im Mund, Schluckbeschwerden, Speichelfluss, Sehstörungen, Schwäche in den Beinen; nach größeren Mengen bereits Bewusstseinstrübung und beginnende Lähmungen. **Erste Hilfe:** Immer Klinikbehandlung. **Therapie:** Schon nach Einnahme von geringen Mengen frühzeitige Giftentfernung, Gabe von Kohle und Abführmittel, intensivmedizinische Überwachung und symptomatische Therapie.

# Wasserschierling
*Cicuta virosa*

Doldengewächse, Apiaceae. **Merkmale:** Die auch Gift-Wasserschierling oder Wüterich genannte Pflanze ist eine kräftige, ausdauernde Staude, die einen knolligen, innen hohlen und gekammerten Wurzelstock bildet. Der Wasserschierling wächst mit einem röhrigen, fein gerillten Stängel und erreicht eine Größe von 60–120 cm. Die Blätter sind 2–3fach gefiedert, mit kleinen, scharf gezähnten, lanzettlichen Blättchen. Von Juli bis August sitzen die weißen Blüten an 8–12-strahligen zusammengesetzten Dolden. Die rundlichen Früchte sind bräunlich gelb und dunkelbraun gestreift. **Vorkommen:** Nord- und Mitteleuropa; zum

Wasserschierling

Süden hin seltener werdend, in den Gebirgen fehlend. Wächst nur bei ausreichender Feuchtigkeit; in Sümpfen, an Gräben und Ufern, manchmal auch halbschwimmend. **Gift:** In allen Pflanzenteilen, hauptsächlich jedoch in der Wurzel, sind Alkaloide sowie Cicutoxin und Cicutol enthalten, wobei die Alkaloide bei dieser Schierlingspflanze hinsichtlich ihrer Giftigkeit nur eine untergeordnete Rolle spielen. Vergiftungen, besonders bei Kindern, kamen relativ häufig vor; vermutlich durch Kauen an der süßlich schmeckenden Wurzel. Auch Verwechslungen mit Sellerie, Pastinak und der Wurzel der Petersilie haben zu Vergiftungen geführt. Als tödliche Dosis werden 2–3 g der frischen Pflanze angegeben. **Wirkung:** Die Hauptwirkung liegt im Cicutoxin, das ein zentrales Krampfgift darstellt. **Vergiftungserscheinungen:** Oft schon wenige Minuten nach Aufnahme der Giftpflanze brennende Schmerzen in Mund und Rachen, Übelkeit, Erbrechen. Bei schweren Verläufen Krampfanfälle, Herz- und Atembeschwerden. **Erste Hilfe:** Schneller Transport in die Klinik. **Therapie:** Frühzeitige Giftentfernung, Gabe von Kohle und Abführmittel, gegebenenfalls intensivmedizinische Überwachung und symptomatische Therapie.

## Wiesen-Bärenklau
*Heracleum sphondylium*

Doldengewächse, Apiaceae. **Merkmale:** Etwa 50–150 cm hohes Kraut mit kantig gefurchten Stängeln, die meist, ebenso wie die gelappten Blätter, borstig behaart sind. **Vorkommen:** Verbreitet in Europa vorkommend. **Gift:** Die Furocumarine Pimpinellin, Isopimpinellin und Bergapten. **Wirkung:** Phototoxisch. **Vergiftungserscheinungen:** Hauptsächlich durch den Stängelsaft treten Rötungen der Haut, Schwellungen und Blasenbildung auf; dies wird bei hoher Lichteinwirkung (Sonne!) und hoher Luftfeuchtigkeit verstärkt. **Erste Hilfe:** Die betroffenen Stellen waschen, nicht

Wiesen-Bärenklau

kratzen! Arzt aufsuchen. **Therapie:** Lokale Behandlung mit abschwellenden und antiphlogistischen Mitteln. Sich bildende Blasen trocknen ein, bleiben danach aber noch lange als »Flecken« sichtbar.

Ähnlich im Aussehen, aber oft über 3 m hoch ist die Herkulesstaude *(Heracleum mantegazzianum)*, die Ende des 19. Jahrhunderts – als Zierpflanze für große Gartenanlagen – aus dem Kaukasus mitgebracht wurde. Sie ist vielfach auch verwildert anzutreffen. Ihre Giftwirkung ist ähnlich der des Wiesen-Bärenklaus, aber noch intensiver.

# Hundspetersilie
*Aethusa cynapium*

Doldengewächse, Apiaceae. **Merkmale:** Krautartige, ein- oder zweijährige, 10–100 cm hohe Pflanze. Der hohle Pflanzenstängel ist fein gestreift und oben gabelig verästelt. Die Blätter der Hundspetersilie, auch Gartenschierling oder Gartengleiße, sind 2–3fach gefiedert, die Blättchen fiederförmig eingeschnitten, nicht gekräuselt und riechen unangenehm. Die von Juni bis Oktober wachsende Pflanze unterscheidet sich von der echten, der kultivierten Petersilie nicht nur

Blühende Herkulesstaude

Hundspetersilie

Europa. Auf Äckern, brachliegenden Böden, Bahndämmen, Weinbergen und als Gartenunkraut. **Gift:** Aethusin, Aethusanol und Spuren von Coniin sind in allen Teilen der Pflanze enthalten. Die bekannt gewordenen Vergiftungen beruhten meist auf unbeabsichtigter Verwechslung der Hundspetersilie mit Suppengewürzen, kamen bei Kindern aber auch durch das Essen von Wurzeln zustande. **Wirkung:** Coniin wirkt zuerst erregend, dann lähmend auf das Rückenmark und auf die Medulla oblongata. Die Wirkung auf Muskeln und das vegetative Nervensystem ist nikotinähnlich. **Vergiftungserscheinungen:** Ähnlich wie bei Vergiftungen mit Geflecktem Schierling: Brennen im Mund, Schluckbeschwerden, Speichelfluss, Sehstörung, Bewusstseinsstörung, Lähmungserscheinungen. **Erste Hilfe:** Gegebenenfalls zum Arzt. **Therapie:** Je nach aufgenommener Menge primäre Giftentfernung, stationäre Überwachung, symptomatische Therapie.

## Scharfer Mauerpfeffer
*Sedum acre*

Dickblattgewächse, Crassulaceae. **Merkmale:** Mit kriechenden oder bogig aufsteigenden Sprossen erreicht der mehrjährige Mauerpfeffer eine Höhe von 5–15 cm. Seine am Grunde abgerundeten Blätter sind dick und eiförmig. Von Juni bis Juli bilden die sternförmigen Blüten leuchtend gelbe Polster. **Vorkommen:** Verbreitet in Europa auf

durch den unangenehmen knoblauchartigen Geruch, sondern auch durch die hauptsächlich an der Unterseite glänzenden Blätter, die bei der echten Petersilie matt sind. Auch sind die in flachen Dolden angeordneten Blüten weiß, bei der echten Petersilie grünlich gelb. Die kugelig-eiförmigen Früchte sind 3–5 mm lang, hellbraun mit dunklen Striemen. **Vorkommen:** Ganz

Blühender Mauerpfeffer an einem typischen Standort.

sandigen Feldern, auf Mauern, auf Felsen und trockenen Abhängen. **Gift:** Das Alkaloid Sedamin, Gerbstoff und nicht näher identifizierte lokal reizende Stoffe. **Wirkung:** Reizwirkung auf die Schleimhäute. Sedamin wirkt sedierend. **Vergiftungserscheinungen:** Das Kauen von frischen Blättern verursacht eine starke Reizung im Mund mit Erbrechen. Nach der Einnahme größerer Mengen sind Erregungszustände mit Krampfanfällen möglich. Bei Hautkontakt entstehen Entzündungen. **Erste Hilfe:** Bei Beschwerden zum Arzt. **Therapie:** Symptomatische Maßnahmen, gegebenenfalls stationäre Überwachung.

## Stechpalme
*Ilex aquifolium*            G

Stechpalmengewächse, Aquifoliaceae. **Merkmale:** Die Stechpalme oder Hülse wächst als Strauch oder Baum und wird meist nicht größer als 6 m, kann aber ein mehrhundertjähriges Alter erreichen, einen Stamm von 50 cm Dicke und eine Höhe von über 10 m erlangen. Die wechselständig stehenden, immergrünen, lederigen Blätter sind bis 8 cm lang und 4 cm breit. Ihre Unterseite ist hellgrün, die Oberseite dunkelgrün glänzend. Am Rande sind die elliptischen bis eiförmigen Blätter meist wellig gebogen und, hauptsächlich an den unteren Zweigen, dornig gezähnt, sodass der Blattrand stachelspitzig wird. An den oberen Zweigen werden die Blattränder glattrandig. Von Mai bis Juni sieht man die kleinen, weißen, unscheinbaren Blüten mit ihren 4 Blütenblättern in den Blattwinkeln der Pflanze. Die kugeligen bis eiförmigen Steinfrüchte werden etwas über erbsengroß, reifen im Herbst, sind zunächst grün, dann korallenrot. Sie überdauern den Winter und sitzen noch im Frühjahr am Stängel. In diesen würzig schmeckenden Beeren sind 4–5 harte, einsamige Steinkerne. **Vorkommen:** Mittelmeergebiet, Mitteleuropa, in den Alpen bis zu einer Höhe von 1200 m. In Deutschland hauptsächlich im Westen verbreitet. Wegen ihrer Anspruchslosigkeit an den Boden auch häufig als Zierstrauch in Gärten, in Anlagen und Friedhöfen. **Gift:** Hauptsächlich in den Blättern und in den Früchten ist das Alkaloid Theobromin enthalten, außerdem ein Glykosid mit Saponin-Eigenschaften sowie Farbstoffe (Ilixanthin, Rutin). Hauptsächlich bei Kindern sind durch den Genuss der beerenähnlichen Früchte Vergiftungen möglich. **Wirkung:** Harntreibend, anregend auf die Verdauung. **Vergiftungserscheinungen:** Erkrankung des Magen-Darm-Trakts mit Erbrechen und heftigen Durchfällen, Schläfrigkeit. **Erste Hilfe:** Bei Beschwerden zum Arzt. **Therapie:** Stationäre Überwachung, Giftentfernung nur nach Einnahme größerer Mengen der Beeren erforderlich.

Stechpalmenzweig mit Früchten.

## Pfaffenhütchen
*Euonymus europaea*

Spindelbaumgewächse, Celastraceae. **Merkmale:** Der auch Pfaffenkäppchen oder Spindelbaum genannte Strauch wird etwa 2–3 m hoch, kann aber auch, als kleiner Baum wachsend, eine Höhe bis 6 m erreichen. Die gegenständig wachsenden, oberseitig dunkelgrünen und an der Unterseite hellgrünen Blätter sind kurz gestielt, eiförmig spitz und haben einen ungleich

Farbe und Form der Früchte des Pfaffenhütchens können Kinder zum Verzehr verleiten.

gesägten Blattrand. Etwa von Mai bis Juni stehen die unscheinbaren, kleinen, gelblich grünen Blüten in blattachselständigen Rispen. In Spätsommer und Herbst hängen dann die meist 4fächerigen, roten Fruchtkapseln an den Zweigen, die durch ihre Ähnlichkeit mit dem Kardinalshut der Pflanze ihren deutschen Namen gegeben haben. Bei völliger Reife springen die Kapseln auf; sichtbar werden dann die weißlichen, eiförmigen Samen, die, von einem fleischigen, orangefarbenen Samenmantel umgeben, an der Mittelsäule der Kapsel angeheftet sind und nach dem Aufspringen der Samenkapsel noch einige Zeit hängen bleiben. **Vorkommen:** Fast in ganz Europa; häufig in Laubwäldern, an Waldrändern, in Hecken und Gebüschen der Ebene, im Hügelgelände und im Vorgebirge. Vielfach auch als Ziergehölz in Anlagen; zusammen mit anderen Sträuchern als natürliche Straßenbegrenzung und auch in Anlagen von Schulen und Kindergärten. **Gift:** Im Samen der Pflanze, in den Blättern und auch in der Rinde ist ein Bitterstoff enthalten, außerdem die herzwirksamen Glykoside Evobiosid, Evomonosid und Evonosid. Vergiftungen treten, meist bei Kindern, nach dem Verzehr der auffallend geformten und gefärbten Früchte auf. **Wirkung:** Bitterstoff brecherregend und Durchfall auslösend. Die Glykoside wirken auf die Herzmuskulatur. **Vergiftungserscheinungen:** Nach Latenz von mehreren Stunden (bis 15 Stunden) Magen-Darm-Beschwerden. Nach Resorption Temperaturerhöhung, Atem- und Kreislaufbeschwerden, Nieren- und Leberschädigung möglich. **Erste Hilfe:** Bei Beschwerden zum Arzt. **Therapie:** Kohlegabe, Abführmittel, sonst Überwachung und symptomatische Therapie; gegebenenfalls Giftentfernung.

## Faulbaum
*Rhamnus frangula*

Kreuzdorngewächse, Rhamnaceae. **Merkmale:** Der Faulbaum wächst meist als aufrechter Großstrauch, bis zu einer Größe von etwa 4 m. Die oberseits dunkelgrünen, unterseits hellgrünen Blätter werden auf der Sonnenseite rot. Meist hängen zu gleicher Zeit unreife (grüne), halbreife (rote) und vollreife (schwarze) erbsengroße Beeren am Strauch.

**Vorkommen:** Ganz Europa. Auf frischen bis anhaltend feuchten Böden, auch Birkenmoore, Bachufer, Wälder. **Gift:** Rhamnoxanthin; in unreifer Frucht Saponin, im Samen Blausäureglykosid, Flavonglykosid, Phenolglykosid. **Wirkung:** Abführend. **Vergiftungserscheinungen:** Übelkeit, Schwindel, Erbrechen, heftige Leibschmerzen, wässrige, auch blutige Durchfälle. In schweren Fällen auch Kollaps und evtl. Nierenschädigung. **Therapie:** Evtl. primäre Giftentfernung, Kohlegabe; bei starken Schmerzen Opiate; Flüssigkeits- und Elektrolytkontrolle; symptomatische Therapie.

Faulbaum: Früchte in unterschiedlichem Reifestadium sind typisch.

## Kreuzdorn
*Rhamnus cathartica*

Kreuzdorngewächse, Rhamnaceae.
**Merkmale:** Der Kreuzdorn wächst
meist als aufrechter, sperriger
Strauch bis zu einer Höhe von
2– 3 m, kann aber auch, als Baum
wachsend, Höhen bis 8 m erreichen.
Die fein kerbig gesägten Blätter
wachsen gegenständig. Im Herbst
reifen die beerenartigen schwarzen
Steinfrüchte; sie werden etwa erbsengroß, haben grünes Fruchtfleisch
und schmecken bitter. Die kahlen
Zweige des Strauches enden häufig
in Dornen. **Vorkommen:** Fast ganz
Europa. Auf kalkhaltigen Böden in
der Ebene und im Hügelland, in
Wäldern und Gebüschen. **Gift:**
Samen und Früchte enthalten Glykoside, Rhamnoemodin, Glucosi-
dorhamnosid, Rhamnocathardingly-
kosid, Shesterin; in der unreifen
Frucht Saponin. **Wirkung:** Reizung

Früchte der Mistel.

des Dickdarms, milde abführende
Wirkung. **Vergiftungserscheinungen:** Erbrechen mit Durchfall, Nierenreizung, Trockenheit in Mund
und Rachen, starkes Durstgefühl.
**Erste Hilfe:** Kaum erforderlich; nur
bei Aufnahme größerer Mengen und
eintretenden Symptomen Arzt oder
Krankenhaus aufsuchen. **Therapie:**
Nach Aufnahme vieler Früchte Giftentfernung, Kohlegabe, Flüssig-
keits- und Elektrolytausgleich, Kon-
trolle der Nierenwerte.

## Mistel
*Viscum album*

Mistelgewächse, Loranthaceae.
**Merkmale:** Als Weihnachtsschmuck
bekannter, immergrüner, kugel-
förmig wachsender Kleinstrauch
mit länglichen, lederartigen, stängel-
losen Blättern. Vom Herbst bis zum
Frühjahr reifen die weißen, erbsengroßen, saftigen Früchte, die schlei-

Kreuzdornzweig mit reifen Früchten.

mig süßlich schmecken. **Vorkommen:** Gesamteuropa. Wächst als Schmarotzer auf Laub- und Nadelbäumen. Mancherorts gehäuft, im Allgemeinen aber selten. **Gift:** In den Blättern und Stängeln toxische Proteingemische, vor allem Viscotoxin. In den Beeren keine Giftstoffe. **Wirkung:** Reizende Wirkung auf die Magen- und Darmschleimhaut. **Vergiftungserscheinungen:** Erbrechen, blutiger Durchfall, Bauchkrämpfe. **Erste Hilfe:** Im Allgemeinen nicht nötig; bei Beschwerden zum Arzt. **Therapie:** Flüssigkeit und Elektrolytausgleich, symptomatische Maßnahmen.

## Buchs
*Buxus sempervirens*        G

Buchsgewächse, Buxaceae. **Merkmale:** Ein bis 4 m hoher, sehr langsam wachsender Strauch, der aber bei mehrhundertjährigem Alter als Baum (Buchsbaum) bis 8 m Höhe erreichen kann. Die lederartigen, immergrünen Blätter sind klein, kurz gestielt, elliptisch, ganzrandig, mit glänzend dunkelgrüner Ober- und hellgrüner Unterseite. Der Buchs blüht im April/Mai gelblichweiß in blattachselständigen Blütenknäulen. Die reifen Früchte sind dreihörnige, schwarzbraune Kapseln, wobei jedes Horn 2 dunkelbraune Samen enthält. **Vorkommen:** In Südeuropa beheimatet, wenige Standorte in Südwestdeutschland; oft angepflanzt als Ziergehölz und Heckenpflanze. **Gift:** In allen Teilen, besonders aber in der Rinde und den Blättern Alkaloide. Vergiftungen selten, aber möglich. **Wirkung:** Zentral erregend, dann lähmend. **Vergiftungserscheinungen:** Erbrechen, Durchfälle, Zittrigkeit, Krämpfe. **Erste Hilfe:** Nach Einnahme größerer Mengen zum Arzt. **Therapie:** Symptomatische Maßnahmen.

Buchs mit reifen und unreifen Früchten.

## Zypressen-Wolfsmilch
*Euphorbia cyparissias*

Wolfsmilchgewächse, Euphorbiaceae. **Merkmale:** Eine gelblich grüne Pflanze, die etwa 15–30 cm groß wird. An einem aufrechten, wenig ästeligen Stängel sitzen wechselständig die sehr schmalen Blätter (Ähnlichkeit mit dem Sämling einer Zypresse). **Vorkommen:** Europa. Verbreitet in lichten Wäldern, gern bei Kiefern, aber auch auf trockenem Heide- und Grasland. **Gift:** Euphorbon ist, außer in den Samen, auch in der aus Bruch- und Abriss-stellen der Pflanze austretenden milchigen Flüssigkeit vorhanden. **Wirkung:** Starke örtliche Reizwirkung auf Haut und Schleimhäute mit Gewebszerstörung. Besonders gefährlich sind Augenverletzungen. Vergiftungen kamen öfter vor infolge Anwendung von *Euphorbia*-Arten als Abführmittel, Harntreibungs-mittel oder Blutreinigungsmittel. In Botanischen Gärten sind gewerbliche Vergiftungen möglich (bei Gartenarbeiten: an den unbekleideten Hautstellen). **Vergiftungserschei-**

Zypressen-Wolfsmilch

**nungen:** Auf der Haut kann der frische Milchsaft zu heftiger Entzündung mit Blasenbildung und Geschwürbildung führen. Verspritzen des Milchsaftes in das Auge verursacht stärkste Bindehautentzündung. Innerlich erzeugt der milchige Saft Rötung und Brennen im Mund und in der Speiseröhre, Brechreiz, Erbrechen, Magenschmerzen, heftige Durchfälle. Resorptive Vergiftung: Weite Pupillen, Schwindel, Delirien; auch Krämpfe, Kreislaufschädigung mit Kollaps sind beschrieben. **Erste Hilfe:** Nach Kontakt mit der Pflanze gründliche Hautreinigung. Bei Verspritzen des Saftes in das Auge sofortige Spülung mit Wasser; Augenarzt oder Augenklinik aufsuchen. Bei oraler Aufnahme ist kaum Erste Hilfe erforderlich, da wegen des unmittelbar nach der ersten »Probe« einsetzenden Brennens im Mund- und Rachenraum auf ein weiteres Essen der Pflanzenteile verzichtet wird. Wenn trotzdem größere Mengen aufgenommen werden, sollte ein Krankenhaus aufgesucht werden. **Therapie:** Bei Verschlucken Kohlegabe, stationäre Überwachung und symptomatische Therapie bei Kreislaufbeschwerden, schmerzhafte Magen- und Darmsymptome und Hautveränderungen. Wenn Augen betroffen sind, ist eine augenärztliche Behandlung erforderlich.
Alle Wolfsmilcharten sind giftig; ähnlich in Gift und Wirkung sind: Kleine Wolfsmilch *(E. exigua)*, Kreuzblättrige Wolfsmilch *(E. lathyris)*, Mandelblättrige Wolfsmilch *(E. peplus)*, Sonnen-Wolfs-

milch *(E. helioscopia)*, Süße Wolfsmilch *(E. dulcis)*, sowie die gefähr-
dete (R 3), geschützte Sumpf-Wolfs-
milch *(E. palustris)*.

# Christuspalme
*Ricinus communis*

Wolfsmilchgewächse, Euphorbiaceae. **Merkmale:** Die als Staude
wachsende, auch als Wunderbaum
oder Rizinus bekannte Pflanze,
wird etwa 1–2 m hoch. Der dicke
Stängel ist braunrot, buschig, mit
großen, langstieligen, handförmig-
lappigen Blättern. Im Sommer zeigen sich rötliche, in Traubenform
sitzende Blüten. Die Früchte sind
etwa kirschgroße, kugelige Kapseln.
Jede Kapsel enthält 3 Fächer, pro
Fach 1 bohnenartigen, ovalen, bis
12 mm langen, graubraun marmorierten, glänzenden Samen. **Vorkommen:** In Europa fast nur im
Süden. Bei uns meist als Topfpflanze, gelegentlich auch in Anlagen.
**Gift:** In den Samen stark giftiges
Ricin. **Wirkung:** Gewebezerstörend;
die Einnahme von Ricinussamen
kann schwere Vergiftungen hervorrufen. **Vergiftungserscheinungen:**

Christuspalme mit Blütenständen und runden, rötlichen Früchten.

Beschwerden können erst nach einer Latenzzeit von mehreren Stunden beginnen mit Übelkeit, Erbrechen, wässrigen Durchfällen, Benommenheit, Nieren- und Leberschäden. **Erste Hilfe:** Sofortiger Transport in ein Krankenhaus. **Therapie:** Rechtzeitige Giftentfernung, stationäre Überwachung, gegebenenfalls intensivmedizinische Maßnahmen.

## Gewöhlicher Seidelbast

*Daphne mezereum*      G

Seidelbastgewächse, Thymelaeaceae. **Merkmale:** Der etwa 30 bis 150 cm hohe Strauch ist einer un-

Der Seidelbast blüht vor dem Laubaustrieb.

serer ersten Frühjahrsblüher. Bei mildem Winter erscheinen schon im Februar, bis zum April, die kleinen 4zipfeligen, rosaroten bis hellvioletten Blüten, die stark duften und sich vor dem Erscheinen der Blätter entfalten. Erst dann, wenn der Gewöhnliche Seidelbast oder Kellerhals in voller Blüte ist, erscheinen die ersten Blätter. Sie sind lanzettlich, ganzrandig, oberseits hellgrün, unterseits graugrün und sitzen dann, nach dem Abfallen der Blüten, wechselständig an den wenig verzweigten Ästen. Die Fruchtknoten entwickeln sich dann von Juni bis August zu eiförmig-kugeligen, etwa erbsengroßen, zunächst grünen, dann leuchtend roten, fleischigen Steinfrüchten mit stark bitterem, brennendem Geschmack. Wie im Frühjahr die Blüten, so drängen sich im Sommer die Beeren des Seidelbastes – oft dicht aneinander gereiht – an den Zweigen. **Vorkommen:** Europa; im Norden und im Flachland selten. Bevorzugt Hügelland und Bergwald (bis etwa 900 m). Vorwiegend in Laub- und Mischwäldern, aber auch in Nadelwäldern; häufig auch als Zierstrauch. **Gift:** Mezerin, Harz und ätherische Öle sind in allen Pflanzenteilen enthalten. Vergiftungen wurden öfters bei Kindern beobachtet, und zwar nicht nur durch den Verzehr der roten Beeren, sondern auch durch Kauen an den Zweigen bzw. an der Zweigrinde. **Wirkung:** Lokal auf die Haut; resorptiv auf das Zentralnervensystem, Kreislauf und Nieren. **Vergiftungserscheinungen:** Bei Hautkontakt Entzündung der Haut

Früchte des Seidelbasts

mit Rötung, Schwellung und Blasenbildung; bei längerer Einwirkung ist ein geschwüriger Zerfall der Haut möglich. Bei oraler Aufnahme, wobei es sich meist um Früchte handelt, können folgende Symptome auftreten: Brennender und kratzender Schmerz im Mund, Schwellung der Lippen und Mundschleimhaut, Schluckbeschwerden, Speichelfluss, Übelkeit, Erbrechen, Magenschmerzen, Darmkrämpfe mit Durchfall und Durstgefühl. Resorptiv: Kopfschmerzen, Schwindel, Unruhe, erhöhte Körpertemperatur, beschleunigter Puls, Atemnot, Tod im Kollaps. Bei Kindern ist auch das Auftreten von Krämpfen möglich. Schädigung der Nieren: Nephritis mit Eiweiß und Blut im Urin. Als tödliche Dosis werden für ein Kind 10–12 reife Beeren angegeben. **Erste Hilfe:** Bei Einnahme mehrerer Beeren frühzeitig zum Arzt. **Therapie:** Nach Einnahme von

größeren Mengen Beeren oder Blüten primäre Giftentfernung, Gabe von Kohle und Abführmittel, symptomatische Therapie der Magen-Darm-Symptome und der Hautreizung.
Ebenfalls geschützt, aber auch genauso giftig sind noch der Lorbeer-Seidelbast *(D. lauroela)*, R R, dessen Blätter als besonders giftig gelten, das Steinröschen *(D. striata)* und das Heideröschen *(D. cneorum)*, R 3.

## Rotbeerige Zaunrübe
*Bryonia dioica*

Kürbisgewächse, Cucurbitaceae. **Merkmale:** Eine mit Sprossranken kletternde, ausdauernde Pflanze, die bis 3 m lang wird. Die matten, hellgrünen, fünflappigen Blätter ähneln denen des Efeus. In losen Dolden angeordnet sind die grünlich weißen Blüten. Die Früchte sind giftige, etwa erbsengroße, rote Beeren. **Vorkommen:** Mittel- und Südeuropa: in Deutschland im Süden und Westen relativ häufig. An Hecken, Gebüschen und Waldrändern. **Gift:** Bryonin und Bryonidin sind in den Beeren und im Wurzelsaft enthalten, außerdem noch Saponin im Samen und der Farbstoff Lycopin in der Frucht. **Wirkung:** Abführend; das Glykosid Bryonin wirkt örtlich stark reizend und führt resorptiv (in höheren Dosen) zu zentraler Lähmung. 15 Beeren werden als tödliche Dosis bei Kindern angegeben, bei Erwachsenen, durch Gebrauch der Pflanze als Drastikum

Blühende (links) und fruchtende (rechts) Rotbeerige Zaunrübe.

und Abortivum, soll die Dosis bei 40–50 Beeren liegen. **Vergiftungserscheinungen:** Äußerlich: Hautrötung, dann schmerzhafte Entzündung mit Blasenbildung, unter Umständen auch Zerstörung der betroffenen Hautstellen mit Nekrosen und geschwürigen Veränderungen. Bei oraler Aufnahme kommt es zu Übelkeit, Erbrechen, heftigen Koliken und starken dünnflüssigen, teilweise sogar blutigen Durchfällen, ferner zu Nierenreizungen, bei Schwangeren auch zum Abort. Resorptiv: Erregungszustände, Schwindel; nach tödlichen Dosen

zentrale Lähmung und Tod durch Atemlähmung. **Erste Hilfe:** Bei Einnahme mehrerer Beeren frühzeitig zum Arzt. **Therapie:** Primäre Giftentfernung, Kohlegabe, stationäre Überwachung und symptomatische Therapie.

## Schwarzbeerige Zaunrübe
*Bryonia alba*

Kürbisgewächse, Cucurbitaceae. **Merkmale:** Der Rotbeerigen Zaunrübe ähnelnde, ausdauernde, mit Sprossranken kletternde Pflanze mit

in doldenähnlichen Büscheln wachsenden, grünlich weißen Blüten. Die
Früchte sind runde, etwa erbsengroße, giftige, schwarze Beeren.
**Vorkommen:** Mittel- und Südeuropa. An Hecken, Zäunen, Gebüschen
und Waldrändern; selten. **Gift:** In
den Beeren und im Wurzelsaft sind
die Glykoside Bryonin und Bryonidin
enthalten, außerdem in den Beeren
der Farbstoff Lycopin und im Samen
Saponin. **Wirkung** bis **Therapie:**
Siehe Rotbeerige Zaunrübe.

## Schwarzer Holunder
*Sambucus nigra*

Geißblattgewächse, Caprifoliaceae.
**Merkmale:** Der Holler oder Holder
wächst als Baum oder Strauch bis zu
einer Höhe von etwa 8 m. Die Rinde
ist hellbraun-rissig, das Mark der
Äste weiß. Im Juni/Juli trägt der
Baum cremeweiße, stark riechende,
in weißen Trugdolden angeordnete
Blüten. Die zunächst grünen, dann
rötlichen und letztendlich schwarzen Früchte reifen von August bis
Oktober. **Vorkommen:** Gesamteuropa; in Wäldern, Schluchten,
Gebüschen, an schattigen Stellen,
in Gärten und Anlagen. **Gift:** In der
unreifen Frucht Blausäureglykosid
(Sambucin), in der reifen Frucht or-
ganische Säuren, Gerbstoffe, ätherisches Öl. **Wirkung:** Brechreizend
und abführend. **Vergiftungserscheinungen:** Treten nur auf, wenn große
Mengen der reifen Früchte frisch
vom Strauch gegessen werden,
oder wenn aus ungekochten Beeren
Fruchtsaft gepresst und getrunken
wird. Es kommt zu Magenbeschwer-

Die Früchte des Schwarzen Holunders sind nur roh gefährlich.

den, Erbrechen, Schüttelfrost und Durchfällen. **Erste Hilfe:** Bei Beschwerden immer zum Arzt. **Therapie:** Kohlegabe, Flüssigkeits- und Elektrolytausgleich, Überwachung und symptomatische Therapie.

## Zwerg-Holunder, Attich
*Sambucus ebulus*

Geißblattgewächse, Caprifoliaceae. **Merkmale:** Der Zwerg-Holunder oder Attich wird als ausdauernde, krautige Pflanze nur 1–2 m hoch.

Fruchtender Zwerg-Holunder

Die Blüten sind rötlich weiß, in entständigen, flachen Trugdolden. Die Früchte sind schwarz glänzende, kugelige bis eiförmige, etwa erbsengroße Beeren; sie sitzen zu mehreren in aufrechten, flachen endständigen Trauben und schmecken widerlich bittersüß. **Vorkommen:** Mittel- und Südeuropa; Gebüsche, Waldblößen, Hecken; in den Alpen bis 1300 m hoch. Auch angepflanzt und verwildert. **Gift:** Bitterstoffe, Blausäureglykosid, Gerbstoff, ätherisches Öl. **Wirkung:** Brechreizend und abführend. **Vergiftungserscheinungen:** Erbrechen, Durchfälle, Kopfschmerzen, Schwindel. **Erste Hilfe:** Bei Beschwerden immer zum Arzt. **Therapie:** Bei Einnahme größerer Mengen primäre Giftentfernung, Kohlegabe, Überwachung.

## Roter Holunder
*Sambucus racemosa*

Geißblattgewächse, Caprifoliaceae. **Merkmale:** Der Rote Holunder oder Trauben-Holunder wächst als Strauch, selten als Baum, und wird bis zu 4 m hoch. Er sieht ähnlich aus wie der Schwarze Holunder, hat jedoch leuchtend scharlachrote Beeren; sie hängen dicht gedrängt zu vielen in eiförmigen Rispen. **Vorkommen:** Mittel- und Südeuropa; in Berg- und Auwäldern, auf Lichtungen, Kahlschlägen, in Steinbrüchen, im Unterholz und Gebüsch. **Gift:** Im Samen schleimhautreizender Wirkstoff, Blausäure in geringen Mengen, Pectine, Gerbstoff, Carotinoide. **Wirkung:** Brechreizend und ab-

Roter Holunder, Früchte

Wolliger Schneeball, Früchte

führend. **Vergiftungserscheinungen:** Schmerzen im Mund, Übelkeit, Erbrechen, Durchfälle, Leibschmerzen, Kopfschmerzen, Schwindel. **Erste Hilfe** bis **Therapie:** Siehe Zwerg-Holunder.

## Wolliger Schneeball
*Viburnum lantana*

Geißblattgewächse, Caprifoliaceae. **Merkmale:** Als Strauch wachsend, wird der Wollige Schneeball etwa 2–4 m hoch. Die großen, eiförmigen Blätter sind am Rand gesägt und fühlen sich beiderseits rau an. In dichten, gewölbten Trugdolden stehen die kleinen, weißen, wohlriechenden Blüten von Mai bis Juni. Etwa erbsengroß, aber eiförmig und platt gedrückt sind die Früchte des Schneeballs, die etwa ab Juli bis Oktober reifen. Oft sind an einer Dolde grüne, rote und schwarze (reife) Beeren; sie beinhalten einen flachen Steinkern und schmecken süßlich-schleimig. **Vorkommen:** Europa, im Norden fehlend. In lichten Wäldern des Hügellandes und des Gebirges, in den Alpen bis 1400 m, an Waldrändern, in Gebüschen; häufig auch als Anpflanzung in Anlagen, Gärten und an Straßen.

**Gift:** Der Bitterstoff Viburnin sowie Saponin, Gerbstoff und Pectin in der Frucht, in Rinde und Blättern. **Wirkung:** Reizung des Magen-Darm-Trakts. **Vergiftungserscheinungen:** Magen-Darm-Entzündung mit Erbrechen und Durchfall. **Erste Hilfe:** Keine Gefahr; bei Aufnahme großer Mengen (Beeren) und bemerkbaren Vergiftungserscheinungen Arzt aufsuchen. **Therapie:** Magenentleerung nach Einnahme größerer Mengen Beeren, Kohlegabe und stationäre Überwachung.

# Gewöhnlicher Schneeball
*Viburnum opulus*

Geißblattgewächse, Caprifoliaceae. **Merkmale:** Als Strauch oder kleiner Baum wachsend, wird der Gewöhnliche Schneeball 2–4 m groß. Die breiten, 3–5-lappigen Blätter sind denen des Ahorns ähnlich. Von Mai bis Juni stehen die weißen Blüten in lockeren Scheindolden. Die Früchte sind etwa erbsengroß, rundlich-eiförmige Steinbeeren, die im Spätsommer reifen, dann glänzend rot sind und bis zum Winter an den Zweigen hängen. **Vorkommen:** Ganz Europa. Von der Ebene bis in die

Gewöhnlicher Schneeball, Früchte

Alpen (bis 1000 m), an Waldrändern und Ufern von Bächen, Flüssen und Seen; auch als Ziergehölz in Anlagen und Gärten. **Gift:** Bitterstoff Viburnin sowie Saponin und Gerbstoffe in der Frucht, in Rinde und Blättern. **Wirkung:** Reizung der Magen- und Darmschleimhaut. **Vergiftungserscheinungen:** Heftiges Erbrechen und Durchfall mit Kollapsneigung. **Erste Hilfe:** Bei auftretenden Beschwerden immer zum Arzt. **Therapie:** Nach Einnahme größerer Menge Beeren Magenentleerung, symptomatische Therapie.

## Schneebeere
*Symphoricarpus rivularis*

Geißblattgewächse, Caprifoliaceae. **Merkmale:** Der sommergrüne, mit rutenförmigen Zweigen wachsende Strauch wird selten höher als 2 m. Die gegenständig stehenden Blätter sind kurz gestielt, elliptisch und ganzrandig. Weiß-rosa sind die kleinen, glockigen Blüten, die von Juni bis August in endständigen Trauben blühen. Vom Spätsommer bis in den Winter hängen dann die Früchte zu mehreren in endständigen Knäueln am Strauch: schneeweiße, kugelige, 1–1,5 cm große Beeren (»Knacksbeeren« oder »Knallerbsen«) mit kleiner, schwarzer Kelchnarbe, die je 2 kleine Kerne in ihrem weißlichen, saftigen Fleisch beinhalten. **Vorkommen:** Europa. In Gebüschen, meist jedoch als Zierstrauch in Anlagen und Gärten. **Gift:** In den weißen Beeren sind Saponin und ein noch nicht erforschter, stark reizen-

Schneebeere, Früchte

der Hauptwirkstoff enthalten. **Wirkung:** Haut- und schleimhautreizend. **Vergiftungserscheinungen:** Nach äußerer Einwirkung Reizerscheinungen bzw. Entzündungen der Haut und Schleimhäute. Nach Einnahme der Beeren Reizwirkungen auf den Magen-Darm-Kanal mit Erbrechen und Durchfall; größere aufgenommene Mengen können zu Verwirrtheit führen, in schweren Fällen sogar zu tiefer Bewusstlosigkeit. **Erste Hilfe:** Nicht erforderlich; bei eventuell Auftreten der beschriebenen Symptome Arzt aufsuchen. **Therapie:** Bei innerlicher Aufnahme eventuell Magenspülung, Mucilaginosa, Kreislaufüberwachung, Rehydration.

# Gewöhnliche Heckenkirsche
*Lonicera xylosteum*

Geißblattgewächse, Caprifoliaceae. **Merkmale:** Der wegen seiner Früchte auch Rote Heckenkirsche genannte Strauch wächst reich verzweigt und wird 1–2 m groß. Die flaumig behaarten Blätter sind ganzrandig, breit eiförmig, meist spitz und wachsen gegenständig, mit kurzem Stiel. Paarweise stehen die gelblich weißen Blüten. Im Spätsommer stehen die kugeligen, fast erbsengroßen, scharlachroten, glänzenden Früchte stets paarweise (am Grunde zusammengewachsen) an langen Stielen. Die Beeren schmecken unangenehm, bitter. **Vorkommen:** Europa. Häufig als Unterholz des Laub- und Mischwaldes, an Waldrändern; oft als Ziergehölz in Anlagen. **Gift:** In der Beere Xylostein und Gerbstoff. Vergiftungen öfters bei Kindern; auch Massenvergiftungen bei Schulausflügen sind vorgekommen. **Wirkung:** Reizend auf den Verdauungstrakt. **Vergiftungserscheinungen:** Erbrechen, Durchfall, Leibschmerzen, Gesichtsröte, Erweiterung der Pupillen. **Erste Hilfe:** Bei oraler Aufnahme weniger Früchte besteht keine Vergiftungsgefahr. Bei Aufnahme größerer Mengen ist ärztliche Behandlung notwendig. **Therapie:** Kohlegabe, Überwachung und symptomatische Therapie.

## Weitere *Lonicera*-Arten

Die im Folgenden aufgeführten Geißblattgewächse sind in der Literatur als schwach giftig bzw. als giftverdächtig beschrieben. Da es jedoch keine genaueren Angaben über Inhaltsstoffe, Wirkung und Symptome, auch nicht über evtl. bekannt gewordene Vergiftungen gibt, kann davon ausgegangen werden, dass der Verzehr einer großen Anzahl von Früchten notwendig ist, um

Blühender Gewöhnliche Heckenkirsche.

Wegen ihrer auffallenden Früchten wird die Gewöhnliche Heckenkirsche auch Rote Heckenkirsche genannt.

Vergiftungserscheinungen hervor-zurufen. **Erste Hilfe:** Nicht erforder-lich; im Zweifelsfall Arzt aufsuchen. **Therapie:** Magenspülung, Kohle; sonst symptomatisch.

## Alpen-Heckenkirsche
*Lonicera alpigena*

Bis 150 cm hoher Strauch mit ellip-tischen Blättern. Die erbsengroßen Früchte sind rundlich-eiförmig; 2 Beeren an einem Stiel, meist als Doppelbeere wachsend (s. Foto S. 139). Steht in Wäldern und Gebüschen; im Gebirge bis 1600 m.

## Blaue Heckenkirsche
*Lonicera caerulea*

60–80 cm hoher Strauch mit ovalen Blättern. Die schwarzen Beeren sind blau bereift, oval und etwa erb-sengroß; sie stehen paarweise auf einem gemeinsamen Stiel (s. Foto S. 133). Im Alpenvorland in Mooren und Wäldern wachsend.

## Wohlriechendes Geißblatt
*Lonicera caprifolium*

Auch »Jelängerjelieber« genannter, windender Kletterstrauch bis etwa 4 m Höhe. In Quirlen zu 6 sitzen auf den Blatttellern orangerote, erbsengroße Beeren (s. Foto S. 140). In Hecken und Gebüschen, an Waldrändern und in Gärten als Laubenpflanze vorkommend.

## Schwarze Heckenkirsche
### Lonicera nigra

60–150 cm hoher Strauch; die Beeren sitzen paarweise am gemeinsamen langen Stiel, sind etwa erbsengroß und blauschwarz glänzend, bereift (s. Foto S. 134). Wächst in schattigen Bergwäldern, im Gebirge bis 1600 m. Ziemlich selten.

## Wald-Geißblatt
### Lonicera periclymenum

Auch Wildes oder Deutsches Geißblatt nennt man diesen rechtswindenden Klimmstrauch mit über 5 m

Wald-Geißblatt, Blüten und Früchte.

lang werdenden Trieben. Die dunkelroten, erbsengroßen Beeren sitzen zu mehreren dicht gedrängt am Zweigende. In lichten Wäldern, an Waldrändern und Hecken.

## Liguster
### Ligustrum vulgare

Ölbaumgewächse, Oleaceae. **Merkmale:** Der wintergrüne, auch Rainweide oder Tintenbeerbaum genannte, reich verzweigte Strauch wird kaum höher als 4 m. Die kurz gestielten Blätter wachsen gegenständig oder zu dritt im Quirl; sie sind oberseits dunkelgrün, mit heller Unterseite, im Herbst oft violett. Stark riechende Blüten (Juni bis Juli) stehen an endständigen Rispen. Die Früchte sind kugelige, etwa erbsengroße Steinbeeren, die glänzend schwarz werden; sie schmecken unangenehm bitter und hängen oft bis zum nächsten Frühjahr am Strauch. **Vorkommen:** Europa, im Norden selten. Häufig in lichten Wäldern und Gebüschen; sehr oft auch in Anlagen oder zur Garteneinzäunung bzw. als Straßenbegrenzung. **Gift:** Farbstoff Ligulin; in den Blättern und der Rinde das Glykosid Ligustrin; in der Rinde die Bitterstoffe Syringopicrin und Ligustron. Durch Aufnahme der Beeren wurden bei Kindern mehrfach Vergiftungen bekannt; es sind sogar solche mit Todesfolge beschrieben. **Wirkung:** Kapillargift; lokal reizend. **Vergiftungserscheinungen:** Nach oraler Aufnahme größerer Mengen schwere Magen- und Darmbeschwerden

Liguster, links die Blüten, rechts die Früchte, wird oft als Hecke gepflanzt.

mit heftigem Erbrechen, starken Durchfällen, Krämpfen und Kreislauflähmung möglich. Lokal: Hautreizung. **Erste Hilfe:** Bei Beschwerden zum Arzt. **Therapie:** Primäre Giftentfernung, Kohlegabe, symptomatische Therapie.

## Tollkirsche
*Atropa belladonna*

Nachtschattengewächse, Solanaceae. **Merkmale:** Die Tollkirsche, auch Teufelskirsche, Schwindelkirsche oder Waldnachtschatten, ist eine strauchig erscheinende Staude mit holzigem, aufrechtem Stängel, von dessen Ende sich die Blattstiele schirmartig ausbreiten. Diese 50 bis 150 cm große Giftpflanze trägt dun-

kelviolette, glockige Blüten, sowie etwa kirschgroße, glänzend schwarze Beeren. Während des Sommers trägt die Staude gleichzeitig Blüten unreife (grüne) und reife Früchte. **Vorkommen:** Ganz Europa, im Norden selten. In lichten Wäldern, auf Kahlschlägen und an Rändern von Waldwegen. **Gift:** In allen Teilen der Pflanze, hauptsächlich aber in den Früchten, sind L-Hyoscyamin und Atropin enthalten. Vergiftungen kommen sowohl bei Kindern als auch bei Erwachsenen durch den Verzehr der süßlich schmeckenden Beeren vor. Als tödliche Dosis werden für Kinder 3–4, für Erwachsene mehr als 10 Früchte angegeben. **Wirkung:** Periphere parasympatholytische Wirkung, bei größeren Mengen auch zentral erregende

Typische Wuchsform der Tollkirsche (oben)
sowie Blüten und Früchte (unten).

Wirkung. **Vergiftungserscheinungen:** Trockene, warme, gerötete Haut, Mundtrockenheit, weite Pupillen, beschleunigter Puls, später Herzrhythmusstörungen möglich, motorische Unruhe, Somnolenz, Halluzinationen, Angstzustände, Krampfanfälle, Harnverhalt. Die vier Hauptsymptome sind:
1. Rötung des Gesichtes,
2. Trockenheit der Schleimhäute,
3. Pulsbeschleunigung,
4. Erweiterung der Pupillen.
**Erste Hilfe:** Immer beim Arzt vorstellen. **Therapie:** Primäre Giftentfernung, Kohlegabe. Bei zentralnervöser Symptomatik Physostigmin (Anticholium®); bei Krampfanfällen Benzodiazepine; gegebenenfalls intensivmedizinische Überwachung.

## Schwarzes Bilsenkraut
*Hyoscyamus niger*

Nachtschattengewächse, Solanaceae. **Merkmale:** Mit einer rübenförmigen Wurzel wächst das ein- oder zweijährige Bilsenkraut mit einem aufrechten, bis oben beblätterten Stängel zu einer Höhe von ca. 40–80 cm; selten werden Größen von über 1 m erreicht. Die meist grundständigen, gestielten, graugrünen Blätter sind eiförmig bis länglich und buchtig gezähnt und, wie auch der Pflanzenstängel, klebrig-zottig behaart. Die Blütezeit der Pflanze dauert etwa vom Juni bis zum Spätherbst. Die schmutzig gelben Blüten mit ihrem glockigen 5-spaltigen Kelch und der trichterförmigen, 5-lappigen Krone sind von violetten Adern durchzogen und an der Basis meist purpurn gefärbt. Sie bilden einseitswendige, dicht am Stängel sitzende, ährenförmige Blütenstände. Bis zu 200 Samen sind in einer Frucht, einer 2-fächerigen Kapsel, enthalten. Die ganze Pflanze strömt einen unangenehmen Geruch aus. **Vorkommen:** Vom Mittelmeergebiet aus nach Mitteleuropa verbreitet; selten. An Weg- und Straßenrändern, an Hängen und auf Brachland und Schutthalden. **Gift:** In allen Pflanzenteilen, besonders aber in der Wurzel, sind Hyoscamin,

Das Schwarze Bilsenkraut ist heute selten geworden.

Atropin und auch Scopolamin enthalten. Vergiftungen selten; meist durch Verwechslung der Wurzel mit der Garten-Schwarzwurzel oder der Samen mit Mohnsamen. **Wirkung:** Periphere parasympatholytische Wirkung; bei größeren Mengen erregende und lähmende Wirkung auf das Zentralnervensystem. **Vergiftungserscheinungen:** Warme, trockene Haut, weite Pupillen, Mundtrockenheit, Unruhe, Halluzinationen, beschleunigter Herzschlag bis Herzrhythmusstörungen; bei schweren Vergiftungen Krampfanfälle möglich. **Erste Hilfe:** Immer beim Arzt vorstellen. **Therapie:** Primäre Giftentfernung, Kohlegabe. Bei zentralnervöser Symptomatik Physostigmin (Anticholium®); bei Krampfanfällen Benzodiazepine; gegebenenfalls intensivmedizinische Überwachung.

Bocksdorn, Blüten und Früchte.

# Bocksdorn
*Lycium barbarum*

Nachtschattengewächse, Solanaceae. **Merkmale:** Der 1–3 m hohe Strauch besitzt dünne, rutenförmige, meist bogig herabhängende, oft dornige Zweige und Äste. Von August bis Oktober gelangt die Frucht, eine scharlachrote, länglich-eiförmige, vielsamige Beere, zur Reife. **Vorkommen:** Vermutlich aus Asien stammend; in ganz Europa verbreitet. Wird häufig als Heckenpflanze verwendet. **Gift:** Das Alkaloid Hyoscyamin. **Wirkung:** Parasympatholytische Wirkung. **Vergiftungserscheinungen:** Ähnlich wie bei der Tollkirschenvergiftung: Mundtrockenheit, weite Pupillen, Pulsbeschleunigung, Erregung bis Tobsucht. **Erste Hilfe:** Bei auftretenden Beschwerden zum Arzt. **Therapie:** Gabe von Kohle und Abführmittel. Bei stark ausgeprägter Symptomatik evtl. Gabe von Physostigmin (Anticholium®) und Benzodiazepinen; gegebenenfalls primäre Giftentfernung.

# Bittersüßer Nachtschatten
*Solanum dulcamara*

Nachtschattengewächse, Solanaceae. **Merkmale:** Der Bittersüße Nachtschatten, den man auch Waldnachtschatten oder Bittersüß nennt, ist ein Halbstrauch mit einem unten verholzenden, oben meist krautigen Stängel, der entweder niederliegend oder rechts- bzw. linksrankend in die Höhe wächst, wobei die Triebe

Bittersüßer Nachtschatten, links Blüten, rechts Früchte.

bis etwa 1,5 m lang werden können. Die gestielten Blätter sind spitzoval und haben am Grund nicht selten 1- oder 2-buchtig abgetrennte Seitenblättchen. In rispenartiger Anordnung stehen die violetten Blüten. Zu mehreren, in langstieligen Rispen, hängen die Früchte – etwa erbsengroße, eiförmige, glänzend rote Beeren, die anfangs bitter, dann süßlich schmecken. Diese Pflanze blüht und fruchtet etwa von Juni bis August, das heißt, dass man an einem Strauch zugleich Blüten, unreife (grüne), halbreife und vollreife Früchte finden kann. **Vorkom-**

men: Gesamteuropa. In feuchten
Wäldern und Gebüschen, an Ufern,
auf nährstoffreichen Böden von der
Ebene bis in mittlere Gebirgslagen.
**Gift:** In den Beeren, vermutlich auch
in den Blättern, sind Saponine und
Solanin enthalten. **Wirkung:** Saponin wirkt lokalreizend, nach Resorption größerer Mengen Auflösung roter Blutkörperchen (Hämolyse) möglich. Solanin hat erregende, später
lähmende Wirkung auf das Zentralnervensystem. **Vergiftungserscheinungen:** Kratzen in Mund und
Rachen, Übelkeit, Erbrechen, Durchfall, erhöhter Pulsschlag, Schwindel,
weite Pupillen, Erregung mit Angstzuständen bis zu Krampfanfällen.
**Erste Hilfe:** Bei Einnahme größerer
Mengen an Früchten zum Arzt. **Therapie:** Gabe von Kohle und Laxans,
stationäre Überwachung und symptomatische Therapie, gegebenenfalls primäre Giftentfernung.

Schwarzer Nachtschatten

## Schwarzer Nachtschatten
*Solanum nigrum*

Nachtschattengewächse, Solanaceae. **Merkmale:** Der als einjährige
Staude wachsende Schwarze
Nachtschatten wird kaum höher
als 60 cm und bildet aufrechte, verzweigte, krautige Stängel. Die eiförmig zugespitzten Blätter sind
ganzrandig oder gezähnt. Sternförmige, fünfzählige weiße Blüten hängen kurz gestielt in seitenständiger
Trugdolde. Die kugeligen, etwa erbsengroßen, schwarzen Früchte reifen von August bis in den Oktober;
sie sind saftig und schmecken
schleimig-scharf, säuerlich. Bei völliger Reife sind sie meist schwarz,
selten gelblich grün oder rot. **Vorkommen:** Mitteleuropa. Auf Äckern,
Gärten, Schuttplätzen, an Wegrändern, Zäunen und Hecken. **Gift** bis
**Therapie:** Siehe Bittersüßer Nachtschatten.

## Kartoffel
*Solanum tuberosum*

Nachtschattengewächse, Solanaceae. **Merkmale:** Die Kartoffel
wächst als 40–70 cm groß werdende
Staude mit aufrechtem, verästeltem
Stängel. Die großen unterseits behaarten Blätter sind unterbrochen
gefiedert. In Trugdolden stehen
die weißen bis violetten Blüten.
Die reifen Früchte sind grüne, etwa
kirschgroße, kugelige Beeren; genießbar sind jedoch nicht die Früchte, sondern die im Erdreich sich
entwickelnden Knollen, welche je

nach Art vom Frühsommer bis zum Herbst reifen. **Vorkommen:** Ursprünglich in Südamerika beheimatet, wurde die Kartoffel im 16. Jahrhundert in Europa eingeführt und wird nun auf der ganzen Welt kultiviert. **Gift:** In den Blüten, den grünen Beerenfrüchten und in unreif geernteten Kartoffeln, aber auch in den Keimen und Augen auskeimender Kartoffeln ist als Hauptwirkstoff Solanin enthalten. Im Presssaft von Kartoffeln ist auch, allerdings in sehr geringer Menge, Cholin und Acetylcholin nachgewiesen worden. **Wirkung:** Reizung der Verdauungswege, Auflösung der roten Blutkörperchen. **Vergiftungserscheinungen:** Trockenheit und Kratzen in Mund und Hals, Übelkeit, Erbrechen, Durchfälle, Benommenheit, evtl. Krampfanfälle; Nierenschäden durch Hämolyse möglich. **Erste Hilfe:** Bei Beschwerden zum Arzt. **Therapie:** Kohlegabe, sonst symptomatische Maßnahmen; gegebenenfalls primäre Giftentfernung.

Blüten und Früchte der Kartoffel.

## Stechapfel
*Datura stramonium*

Nachtschattengewächse, Solanaceae. **Merkmale:** Der Stechapfel, auch Tollkraut oder Asthmakraut genannt, ist eine kräftige, einjährige, 30–100 cm große, krautige Pflanze mit eiförmig-zugespitzten, ungleich buchtig gezähnten Blättern. Etwa von Juni bis September erscheinen die 10 cm langen, trompetenförmigen, weißen bis hellvioletten alleinstehenden Blüten. An den gabelästig verzweigten Stängeln sitzen dann, meist von August bis Oktober, die Früchte. Diese etwa haselnussgroßen Gebilde sind, ähnlich wie die Kastanie, zunächst grün und stachelig. Bei zunehmender Reife wird die Fruchthülle braun und springt vierklappig auf; sie enthält eine große Anzahl kleiner, nierenförmiger, dunkelbrauner Samenkerne. Die ganze Pflanze verbreitet einen unangenehmen Geruch. **Vorkommen:** Ursprünglich in Zentralamerika heimisch, wurde der Stechapfel im 16. Jahrhundert nach Europa eingeführt und kommt nun in Süd- und Mitteleuropa verwildert vor. Auf Ödland, an Waldrändern, auch auf Weinbergen, Dämmen und Schutt-

Der Stechapfel stammt ursprünglich aus Zentralamerika.

Unreife und reife Frucht des Stechapfels.

plätzen; liebt lockeren, stickstoff-
haltigen Boden. Selten zu finden.
**Gift:** In den Blättern und Samen
der Pflanze Alkaloide: L-Hyoscyamin, Atropin, L-Scopolamin. Die
Einnahme der Pflanzenteile als
Drogenersatz kommt oft vor.
**Wirkung:** Peripher lähmende Wirkung an cholinergen Nervenenden;
auf das Zentralnervensystem
erregend bis lähmend. **Vergiftungserscheinungen:** Ähnlich wie bei der
Tollkirschenvergiftung: Warme,
trockene und gerötete Haut, ausge-
prägte Mundtrockenheit, weite
Pupillen, beschleunigter Puls, auch
Herzrhythmusstörungen möglich,
motorische Unruhe bis zu deliranten
Zuständen, Tobsucht; Somnolenz,

Halluzinationen, Krampfanfälle; Harnverhalt. **Erste Hilfe:** Bei ausgeprägter Symptomatik mit dem Notarzt in die Klinik. **Therapie:** Kohlegabe. Bei zentralnervöser Symptomatik Physostigmin (Anticholium®). Bei Krampfanfällen Benzodiazepine; intensivmedizinische Überwachung; gegebenenfalls Giftentfernung.

## Engelstrompete
*Datura suaveolens*

Nachtschattengewächse, Solanaceae. **Merkmale:** Strauch, der über 4 m hoch werden kann, mit eiförmigen Blättern, die wechselständig angeordnet sind und deren Rand gewellt ist. Die großen trompetentrichterförmigen Blüten sind weiß, aber auch gelbrot, werden 20 bis 30 cm lang und hängen nach unten. **Vorkommen:** Brasilien; bei uns verbreitet als Zierpflanze/Kübelpflanze. **Gift** bis **Therapie:** Wie Stechapfel.

## Virginischer Tabak
*Nicotiana tabacum*

Nachtschattengewächse, Solanaceae. **Merkmale:** Der Tabak ist eine bis etwa 2 m hohe Pflanze mit aufrechtem, wenig verzweigtem Stängel.

Die Engelstrompete stammt aus Brasilien.

Die Blätter stehen wechselständig; während die unteren breit-elliptisch sind und am Stängel herablaufen, wachsen die oberen Blätter schmäler, meist sitzend. Etwa von Juni bis September blüht der Tabak mit rötlichen, selten weißen, trompetenförmigen Blüten, die in endständigen Rispen stehen. **Vorkommen:** Mittelamerika. Im 16. Jahrhundert von Seeleuten nach Europa gebracht und jetzt auf fast der ganzen Welt in industriellem Ausmaß kultiviert. **Gift:** In allen Teilen der Pflanze, mit Ausnahme der reifen Samen, ist Nikotin enthalten. **Wirkung:** Zuerst erregende, dann lähmende Wirkung auf das sympathische Nervensys-

Blühender Virginischer Tabak – sein Nikotin ist ein starkes Gift.

tem. **Vergiftungserscheinungen:**
Übelkeit, Speichelfluss, Erbrechen,
Durchfall, Unruhe, Zittrigkeit. Bei
schweren Vergiftungen Blutdruckabfall, schneller Herzschlag, kalter
Schweiß, Muskelzuckungen,
Krampfanfälle, Atem- und Herzlähmung. **Erste Hilfe:** Bei Einnahme von
Pflanzenteilen und vor allem Ta-
bakerzeugnissen (Zigaretten, Zigar-
ren) beim Arzt vorstellen. **Therapie:**
Gabe von Kohle und Laxans. Bei
Krämpfen Benzodiazepine, intensivmedizinische Überwachung; gegebenenfalls primäre Giftentfernung.

## Gelber Fingerhut
*Digitalis lutea* G

Rachenblütler, Scrophulariaceae.
**Merkmale:** Der von Juni bis August
blühende Gelbe Fingerhut wird nur
etwa 100 cm hoch. Die Blätter sind
schmäler als beim Roten Fingerhut.
Die weißlichen bis hellgelben Blüten
sind ohne Flecken und werden nur
2–2,5 cm lang. **Vorkommen:** Europa;
im Norden und Osten selten. In
Laubwäldern, auch Bergwäldern, im
Unterholz, an steinigen Hängen. **Gift**
bis **Therapie:** Siehe Roter Fingerhut.
Ebenfalls herzwirksame Glykoside
enthalten auch der Wollige Fingerhut (*D. lanata,* Blüten gelbbraun)
und der geschützte Großblütige
Fingerhut (*D. grandiflora,* Blüten
gelb, innen braunnetzig).

## Roter Fingerhut
*Digitalis purpurea*

Rachenblütler, Scrophulariaceae.
**Merkmale:** Von Juni bis August
blüht der Rote Fingerhut, der eine
Höhe von bis zu 160 cm erreichen
kann. Die großen, filzigen Grund-
blätter sind eiförmig, gekerbt und
langstielig; je höher die Blätter am
Pflanzenstängel sitzen, desto kleiner, schmäler und kurzstieliger
werden sie. Die zahlreichen, ein-
seitswendig stehenden, fingerhut-
ähnlichen Blüten werden etwa
4–5 cm lang, sind außen glatt, rosa
bis purpurfarben (selten weiß);
innen behaart, mit dunkleren, weiß
umrandeten Flecken. **Vorkommen:**
Westeuropa. In lichten Wäldern, an
buschigen Abhängen und auf Lichtungen und Kahlschlägen. Vielfach

Gelber Fingerhut

aus der Gartenpflanze kultiviert.
**Gift:** In allen Pflanzenteilen, vor
allem aber in den Blättern sind herzwirksame Glykoside (Digitalin, Digi-
toxin, Gitatoxin u. a.) und Saponine
enthalten. **Wirkung:** Die Glykoside
haben starke Wirkung auf den Herz-
muskel und auf die Reizbildungs-
zentren. Saponine wirken reizend
auf die Schleimhaut des Magen-
Darm-Trakts. **Vergiftungserscheinungen:** Das Kauen der Fingerhut-
blätter verursacht Entzündungen
im Mund, Übelkeit, Erbrechen.
Nach Einnahme größerer Mengen
Symptome wie bei medikamentöser
Digitalisvergiftung mit Sehstörungen,
Verwirrtheit, ausgeprägten Herzrhythmusstörungen bis zum Herz-
stillstand. **Erste Hilfe:** Auf jeden
Fall Vorstellung beim Arzt, gegebenenfalls Notarzttransport in die Klinik. **Therapie:** Primäre Giftentfernung mit wiederholter Gabe von
Kohle und Abführmittel, intensivmedizinische Überwachung. Bei Herzrhythmusstörungen Digitalis-Anti-
toxin (Digitalis-Antidot BM), sonst
symptomatische Therapie.

# Gnadenkraut
*Gratiola officinalis*          R 2, G

Rachenblütler, Scropulariaceae.
**Merkmale:** Die mehrjährige Pflanze
wird etwa 40 cm hoch. Ihre kurz-
stieligen lanzettlichen, fein gesägten Blätter stehen sich paarweise
gegenüber. Die aufeinander folgenden Blattpaare sind jeweils um 90

Roter Fingerhut

Gnadenkraut

Grad versetzt. Aus den Blattachseln
stehen die gestielten, gelblich
weißen Blüten mit einem 5-zackigen
Kelch. Als Frucht bildet sich eine
tropfenförmige Kapsel. **Vorkommen:**
In Europa und im anschließenden
Asien beheimatet. Feuchte bis nasse
Standorte, Altwässer, Grabenränder.
**Gift:** In allen Pflanzenteilen: tetra-
zyklisches Triterpen, Gratiogenin
und das Glykosid Gratiosid. **Wirkung:** Schleimhautreizende Wirkung
im Magen-Darm-Trakt, Störung der
Herz- und Atemfunktion. **Vergiftungserscheinungen:** Übelkeit,
Erbrechen, Bauchkrämpfe, Durchfall, Herzrhythmusstörungen. **Erste
Hilfe:** Bei Beschwerden zum Arzt.
**Therapie:** Gabe von Kohle und
Laxans, Überwachung, symptomatische Therapie; gegebenenfalls
primäre Giftentfernung.

## Wermut
*Artemisia absinthium*

Korbblütler, Asteraceae. **Merkmale:** Mit aufrechtem, sehr ästigem
Stängel bis etwa 1 m hoch werdender Halbstrauch. Die 2–3fach fieder-
teiligen Blätter sind (ebenso der
Stängel) seidig-filzig und duften
beim Zerreiben aromatisch. Von Juli
bis September zeigen sich die Blüten in kleinen, kugeligen, gelben,
in langstieligen Ähren stehenden
Blütenköpfchen. **Vorkommen:** In
Europa verbreitet auf Weiden,
Schutt, Ödland, Hecken und Weinbergen. **Gift:** Die ganze Pflanze enthält das ätherische Öl Thujon und
den Bitterstoff Absinthin. **Wirkung:**

Rainfarn

Blühender Wermut

Hohe Dosen haben eine krampf-
erzeugende und lähmende Wirkung
auf das Zentralnervensystem. **Ver-
giftungserscheinungen:** In hohen
Dosen eingenommen Erbrechen,
Durchfall, Harnverhalt, Benommen-
heit, Krämpfe. **Erste Hilfe:** Bei
Beschwerden zum Arzt. **Therapie:**
Überwachung und symptomatische
Therapie.

## Rainfarn
*Tanacetum vulgare*

Korbblütler, Asteraceae. **Merkmale:** Der stark duftende, mehrjährige Rainfarn, auch Wurmkraut

genannt, kann über 1 m hoch werden. Die meist doppelt gefiederten, gezähnten Blätter werden bis 25 cm lang. Von Juli bis September stehen die gelben Blütenköpfchen in einer Schirmrispe am Ende des Stängels. **Vorkommen:** In ganz Europa an Feldrainen, Wegrändern, in Hecken und auf Weiden. **Gift:** Die ganze Pflanze enthält Thujon, Tanacetin, Borneol und Kampfer. **Wirkung:** Reizend auf die Haut und Schleimhaut. **Vergiftungserscheinungen:** Gerötete Hautstellen mit Brennen und Juckreiz. **Erste Hilfe:** Nach Hautkontakt: Haut abwaschen und gegebenenfalls zum Arzt. **Therapie:** Symptomatisch.

## Löwenzahn
*Taraxacum officinale*

Korbblütler, Asteraceae. **Merkmale:** Der Löwenzahn blüht und fruchtet vom April bis zum Herbst. Den bei Reife aus dem kugeligen Blütenboden stehenden Früchten dient ein strahlenförmiger ausgebreiteter Haarkelch (»Fallschirm«) als Flugvorrichtung; der Löwenzahn ist dann die so genannte »Pusteblume« der Kinder. **Vorkommen:** Europa. Überall sehr häufig; auf Wiesen und Feldern, vom Flachland bis ins Hochgebirge. **Gift:** Hauptsächlich Wurzel und Stängel enthalten den Bitterstoff Taraxin. **Wirkung:** Reizende

Löwenzahn wirkt nur bei Aufnahme sehr großer Mengen schädigend.

Wirkung auf den Magen-Darm-Trakt. **Vergiftungserscheinungen:** Erbrechen und Durchfall. Intensiver Hautkontakt kann Hautentzündungen verursachen. **Erste Hilfe:** Nicht erforderlich. **Therapie:** Nur bei sehr großen Mengen Kohlegabe und symptomatische Maßnahmen.

## Weißer Germer
*Veratrum album*

Liliengewächse, Liliaceae. **Merkmale:** Der Weiße Germer ist eine krautartig wachsende Pflanze mit knolligem Wurzelstock, die etwa 1 – 1,5 m hoch wird. Er blüht etwa von Juli bis September. Der Stängel ist aufrecht und flaumhaarig; die ihn am Grund umfassenden, wechselständigen Blätter sind breit elliptisch, längsfaltig und werden schmäler, je weiter oben sie wachsen; ihre Unterseite ist flaumig behaart. Die kurz gestielten Blüten sind weißlich, gelblich oder grünlich in einer aus vielblütigen Trauben zuammengesetzten Rispe. **Vorkommen:** Mittel- und Südeuropa. In bergigen Gegenden, auf feuchten Weiden und Wiesen; vorwiegend in Höhen zwischen 1000 und 2700 m. **Gift:** In allen Teilen der Pflanze sind als Hauptalkaloide Protoveratrin und Germerin enthalten. Schon wegen des unangenehmen Geschmacks der Pflanze sind Vergiftungen äußerst selten. Die meisten Vergiftungen treten durch Verwechs-

Weißer Germer

lung mit Enzianwurzel auf. In der Antike wurde der Weiße Germer als Mordgift benutzt; man präparierte damals Pfeilspitzen mit Gift. **Wirkung:** Reizend auf sensible Nervenenden (Haut, Augen, Nase, Mund), blutdrucksenkende Wirkung. **Vergiftungserscheinungen:** Nach oraler Einnahme Schmerzen im Mund, Brennen an der Zunge, Kratzen und Prickeln im Rachen; später pelziges Gefühl im Mund, Speichelfluss, Erbrechen, Durchfall; Erregungszustände, Muskelzuckungen, Kältegefühl am ganzen Körper; Pulsverlangsamung, Kreislaufschwäche, Herzrhythmusstörungen. Symptomatik kann mehrere Tage anhalten. **Erste Hilfe:** Bei Beschwerden sofort ins Krankenhaus. **Therapie:** Primäre Giftentfernung, Gabe von Kohle, intensivmedizinische Überwachung und symptomatische Therapie.

Selten wild wachsend zu finden ist der ebenfalls giftige Schwarze Germer *(Veratrum nigrum)*, der die gleichen giftigen Stoffe wie der Weiße Germer beinhaltet. Seiner schönen schwarzpurpurnen Blüten wegen findet man ihn ab und zu in Gärten als Zierpflanze.

## Herbstzeitlose
*Colchicum autumnale*

Liliengewächse, Liliaceae. **Merkmale:** Während des Sommers bildet diese krautige Pflanze eine bis 7 cm lange Knolle mit einem Seitenspross, aus dem im Herbst die Blüten hervorgehen. Während dann im

Winter die Mutterknolle abgebaut wird, verdickt sich der Seitenspross zu einer zweiten Knolle. Von August bis Oktober blüht die Herbstzeitlose. Jede Pflanze bringt 1–3 grundständige Blüten mit weißlicher Röhre und 6 großen, zart rosa bis lilafarbenen, trichterförmig gestellten Blütenhüllblättern hervor, die selten größer als 15 cm werden. Die blühende Pflanze hat keine Laubblätter; diese entwickeln sich erst im folgenden Frühjahr, sind 20–30 cm lang, breit-lanzettlich und parallelnervig. Gleichzeitig mit den Laubblättern wächst der Fruchtknoten zu einer länglich-eiförmigen, bis 6 cm langen Kapsel heran, in der die zahlreichen dunkelbraunen Samen reifen. **Vorkommen:** Süd-, Mittel- und Westeuropa. Verbreitet auf Wiesen, auch in feuchten lichten Waldungen, bis hoch ins Gebirge. **Gift:** Das gifti-

Früchte der Herbstzeitlose

Die auffälligen Blüten der Herbstzeitlosen erscheinen von August bis Oktober.

ge Colchicin ist in allen Teilen der Pflanze enthalten. Viele Vergiftungen sind bekannt und beschrieben, einige davon sogar mit tödlichem Ausgang. Betroffen davon waren hauptsächlich Kinder, die auf dieses Pflanzengift offensichtlich besonders empfindlich reagieren. Häufige Verwechslung mit Blättern des essbaren Bärlauchs. Vergiftungen sind auch möglich durch die Milch von Ziegen und Schafen, wenn diese Tiere Herbstzeitlose gefressen haben. Als tödliche Dosis werden 20–40 mg (fünf bis zehn Samen) angegeben. **Wirkung:** Auf den Zellkern, kapillarschädigend. **Vergiftungs-**

**erscheinungen:** Infolge langsamer Giftresorption treten die ersten Krankheitserscheinungen erst zwei bis sechs Stunden nach der Giftaufnahme auf. Zunächst Kratzen und Brennen im Mund, Schluckbeschwerden, Übelkeit, häufiges Erbrechen mit Durchfällen und Darmkrämpfen; blutiger Urin, starke Wasserverarmung des Körpers mit Durstgefühl. Resorptiv: Aufsteigende zentrale Lähmung, Atemnot; wegen Lungenödem Nierenversagen. Bei Überleben Haarausfall nach einer Woche möglich. **Erste Hilfe:** Behandlung im Krankenhaus erforderlich. **Therapie:** Primäre Giftent-

Vielblütige Weißwurz

fernung, wiederholte Gabe von Kohle und Abführmittel, intensivmedizinische Überwachung mit Wasser- und Elektrolytausgleich und weiteren symptomatischen Maßnahmen.

## Vielblütige Weißwurz
*Polygonatum multiflorum*

Liliengewächse, Liliaceae. **Merkmale:** 30–70 cm hohe Staude mit kräftigem, rundem Stängel und wechselständig sitzenden, eiförmigen bis elliptischen Blättern. Im Frühjahr hängen an der Unterseite des gebogenen Stängels Gruppen von je 2–5 weißlichen, glockigen Blüten. Die im Sommer reifenden Früchte sind etwa erbsengroße, schwarzblaue, bereifte Beeren. **Vorkommen:** Fast ganz Europa. In schattigen Laubwäldern und in Gebüschen. **Gift:** Enthält Steroidsaponine, einige Glykoside, aber keine Herzglykoside. **Wirkung:** Reizend auf Magen- und Darmschleimhaut. **Vergiftungserscheinungen:** Erbrechen, Durchfall, Kopfschmerzen, Schwindel, Atemnot. **Erste Hilfe:** Bei Beschwerden zum Arzt. **Therapie:** Bei mehr als 10 Beeren primäre Giftentfernung, Kohlegabe, Überwachen und symptomatische Maßnahmen.

Vielblütige Weißwurz, Früchte

## Wohlriechende Weißwurz, Salomonssiegel
*Polygonatum odoratum*

Liliengewächse, Liliaceae. **Merkmale:** 15–50 cm hohe Staude mit kantigem, gebogenem Stängel. Die eiförmig-elliptischen Blätter wachsen in 2 Reihen an der Oberseite des Stängels und stehen beidseitig schräg nach oben. Die wohlriechenden, weißlichen, glockigen Blüten hängen einzeln, selten zu zweit.

Wohlriechende Weißwurz

Die schwarzblauen Beeren werden bis zu 12 mm groß (s. Foto S. 134). **Vorkommen:** Fast ganz Europa. In trockenen, lichten Wäldern, Gebüschen, auf Heidewiesen. **Gift** bis **Therapie:** Siehe Vielblütige Weißwurz.
Ähnlich in ihrer Wirkung ist auch die Quirlblättrige Weißwurz *(Polygonatum verticillatum)* mit ihren quirlständig stehenden Blättern und den erbsengroßen, anfangs roten, später schwarzblauen Beeren (s. Foto S. 141).

## Maiglöckchen
*Convallaria majalis*

Liliengewächse, Liliaceae. **Merkmale:** Das Maiglöckchen ist eine ausdauernde Pflanze mit einer unterirdischen Sprossachse, die sich alljährlich verlängert und Seitentriebe bildet; deswegen steht es auch meist in größeren Trupps zusammen. Im Frühjahr bilden sich 2 grundständige, zunächst tütenförmig eingerollte, dann lang gestielte, oval-lanzettliche, ganzrandige Blätter. Im Mai und Juni hängen dann an einem laubblattlosen Stängel nach einer Seite traubig übereinander die weißen bis grünlichen, stark duftenden Blüten. Die Früchte, kugelrunde, etwa erbsengroße, rote Beeren, reifen von August bis September. **Vorkommen:** Mit Ausnahme des hohen Nordens und einiger südlicher Gebiete ist das Maiglöckchen in ganz Europa verbreitet. Bevorzugte Standorte sind lichte Laub- und Mischwälder, Gebüsche und Berg-

Schön, aber gefährlich: das Maiglöckchen.

wiesen. Häufig auch als Zierpflanze in Gärten. **Gift:** Alle Pflanzenteile sind giftig und enthalten Digitalisglykoside, Convallatoxin, Convallamarin, Convallosid sowie Saponine und Carotin. Im Allgemeinen treten Vergiftungen durch Essen der roten Beeren auf, aber auch durch Lutschen und Kauen an Blättern und Blütenstielen. **Wirkung:** Die Hauptwirkstoffe haben typische Digitaliswirkung auf die Herzmuskulatur, Verbesserung der Kreislaufverhältnisse, Beseitigung von Stauungserscheinungen durch verbesserten Harnabfluss. Die Saponine wirken abführend, lokal reizend. **Vergiftungserscheinungen:** Übelkeit, Er-

Früchte des Maiglöckchens

Zweiblättrige Schattenblume, Früchte

brechen, Durchfall, Benommenheit. Bei größeren Mengen Herzrhythmusstörungen. **Erste Hilfe:** In der Regel nicht notwendig; bei Aufnahme größerer Mengen Arzt aufsuchen. **Therapie:** Ab mehr als fünf Beeren primäre Giftentfernung, Kohlegabe, Überwachung der Herzaktion und symptomatische Therapie.

## Zweiblättrige Schattenblume
*Maianthemum bifolium*

Liliengewächse, Liliaceae. **Merkmale:** Die ausdauernde, krautige Pflanze wächst mit 2 wechselständigen, dunkelgrünen Blättern und wird 5–15 cm hoch. Von Mai bis Juni trägt die Pflanze kleine, weiße Blüten, die in endständigen, aufrechten

Trauben angeordnet sind. Im Herbst reifen dann die Früchte – kleine Beeren, die zunächst grünlich weiß, dann grün und rot gefleckt und bei völliger Reife glänzend kirschrot sind. **Vorkommen:** In der nördlich-gemäßigten Zone. Häufig in lichten Wäldern und an Waldrändern. **Gift:** Digitalisglykoside. Wirkung bis **Therapie:** Siehe Maiglöckchen.

## Einbeere
*Paris quadrifolia*

Liliengewächse, Liliaceae. **Merkmale:** Die Einbeere oder Wolfsbeere ist eine ausdauernde, krautige Pflanze. Der im unteren Teil unbelaubte Stängel wird 25–40 cm hoch und trägt oben 4, selten 5 oder 6 waagerecht abstehende Blätter. Vom Mai bis Juni werden diese

Die Einbeere ist eine typische, Schatten liebende Waldpflanze.

großen, ungestielten, netzadrigen Blätter von der einzigen, endständigen, gestielten Blüte mit acht dünnen, grünlich gelben bis hellgrünen Blütenhüllblättchen überragt. Der blauschwarz gefärbte, 4-fächerige Fruchtknoten entwickelt sich im Juli bis August zu einer vielsamigen, blauschwarzen, etwa kirschgroßen Beere (s. auch Foto S. 133); diese Frucht schmeckt unangenehm süßlich. **Vorkommen:** Fast ganz Europa, im Süden häufiger. In schattigen und feuchten Laub- und Mischwäldern, kalkliebend. **Gift:** Vorwiegend in den Beeren und Wurzeln sind Paridin und Paristyphnin enthalten. Vergiftungen sind bekannt; es ist sogar ein Todesfall beschrieben.

Betroffen waren meist Kinder, welche die Einbeere mit Früchten der Heidelbeere verwechselt hatten. **Wirkung:** Örtlich: Reizend. Resorptiv: Verengung der Pupillen, Atemlähmung. **Vergiftungserscheinungen:** Übelkeit, Erbrechen, Durchfall mit Darmkrämpfen, Kopfschmerzen, Schwindel, stark verengte Pupillen. Atemlähmung. **Erste Hilfe:** Nicht nötig; im Zweifelsfall oder nach Aufnahme sehr großer Mengen zum Arzt oder in ein Krankenhaus. **Therapie:** Kohlegabe, sonst symptomatische Therapie, gegebenenfalls primäre Giftentfernung.

Gelbe Narzisse: Die Verwechslung ihrer Zwiebel mit einer Küchenzwiebel ist gefährlich.

## Gelbe Narzisse
*Narcissus pseudonarcissus*          R 3, G

Narzissengewächse, Amaryllidaceae. **Merkmale:** Die auch Osterglocke oder Trompetennarzisse genannte Pflanze wird bis 40 cm hoch, hat lange linealische Blätter und trägt, etwa von März bis April, große trompetenförmige, gelbe Blüten. **Vorkommen:** Europa; selten. Man findet sie auf Bergwiesen und in hellen Wäldern; meist jedoch als Zierpflanze in Gärten. **Gift:** Die Zwiebeln der Pflanze enthalten die Alkaloide Narcissin und Lycorin sowie einen Bitterstoff. Vergiftungen sind bekannt; sie kamen vor durch Verwechslung mit der Speisezwiebel. **Wirkung:** Emetisch, abführend; lokal: hautreizend. **Vergiftungserscheinungen:** Durch den Saft der Pflanze können lokal Hautreizungen auftreten. Oral aufgenommen kommt es zu Würgereiz, Erbrechen, Durchfall, Schweißausbruch, Benommenheit, Kollaps und Lähmungserscheinungen. **Erste Hilfe:** Im Allgemeinen nicht notwendig; bei größeren Mengen jedoch Arzt aufsuchen. **Therapie:** Kohlegabe, symptomatische Therapie.

## Weiße Narzisse
*Narcissus poeticus* G

Narzissengewächse, Amaryllidaceae. **Merkmale:** Die Weiße, Echte
oder Dichter-Narzisse ist eine Zwie-
belpflanze, wird etwa 50 cm hoch
und hat lange, linealische Blätter.
Die duftende, weiße Blüte hat innen
eine gelbliche Nebenkrone mit röt-
lichem Rand. Diese geschützte
Pflanze wächst und blüht von April
bis etwa Mai. **Vorkommen:** Mittelmeergebiet von Frankreich bis
Griechenland. In Deutschland verwildert vorkommend; selten. Häufig
jedoch als Zierpflanze in Gärten.
**Gift:** Die Zwiebel enthält die Alkaloide Narcissin und Narcipoetin. Auch
bei dieser Narzisse kam es durch
Verwechslung mit der Speisezwiebel
zu Vergiftungen. Wirkung bis **Therapie:** Siehe Gelbe Narzisse.
Als schwach giftig gelten noch das
Schneeglöckchen *(Galanthus niva-
lis,* R3, G*)* und der Märzenbecher
oder die Frühlingsknotenblume
*(Leucojum vernum,* R3, G*)*; beide beinhalten ebenfalls Alkaloide.

Weiße Narzisse

## Drachenwurz
*Calla palustris* R3, G

Aronstabgewächse, Araceae. **Merkmale:** Die auch Sumpf-, Schlangen-
wurz oder Schweinsohr genannte
krautige Sumpfpflanze bildet eine
lange, grüne, kriechende Grundach-
se, aus deren Spitze dann die grundständigen Laubblätter und die aufsteigenden Blütenschäfte hervorgehen. Ein »Wandern« der Pflanze
wird sichtbar durch den an der Spitze weiter wachsenden und am Ende
absterbenden Wurzelstock. Die
Blätter sind herzförmig, mit glattem
Rand, glänzend grün und sitzen an
langen Stängeln. Ein flach ausge-
breitetes, außen grünes und innen
weißes, von deutlich sichtbaren
Längsstreifen durchzogenes Hüll-
blatt umgibt den etwa 3 cm langen
Blütenkolben. Die im Sommer reifenden, korallenroten, runden bis
kantigen, etwa erbsengroßen Beeren sitzen dicht am Kolben und
fühlen sich schleimig-klebrig an.
**Vorkommen:** Nord- und Mitteleuro-

Die Drachenwurz ist eine typische Sumpfpflanze.

Früchte der Drachenwurz.

pa, in den Alpen fehlend. Wächst in der Ebene und im Bergland in Waldsümpfen, Torfmoosen, an Ufern von Teichen, Seen und langsam fließenden Gewässern. Sehr selten. **Gift:** Alle Teile der Pflanze enthalten einen Stoff, der dem Aroin nahe steht. Durch Verzehr einer größeren Anzahl der Beeren sind Vergiftungen möglich. In der Heilkunst früherer Zeiten verwendete man eine Abkochung der Wurzel gegen Schlangengiftwirkung. Gebietsweise setzte man auch die gemahlenen, stärkereichen Wurzelstöcke dem Brotteig zu, wobei die Giftstoffe durch den Backprozess unwirksam wurden. **Wirkung:** Örtliche Reizwirkung auf die Haut und die Schleimhäute. Vergiftungserscheinungen. Äußerlich Hautrötung; nach oraler Aufnahme: Speichelfluss, Übelkeit, Erbrechen, Durchfall. Nach älterer Literatur: Erregung, Krampfanfälle. **Erste Hilfe:** Bei Symptomen zum Arzt. **Therapie:** Bei Hauterscheinungen Glucocorticoide lokal, gegen Schmerzen im Mundbereich eventuell Lokalanästhetikum, sonst Überwachung, symptomatische Therapie.

## Aronstab
*Arum maculatum*

Aronstabgewächse, Araceae.
**Merkmale:** Der Aronstab ist eine 10–25 (30) cm hohe, ausdauernde, mehrjährige, krautige Pflanze mit einer knolligen, unterirdischen Sprossachse. Seine Blätter sind lang gestielt, pfeilförmig, dunkelgrün,

manchmal auch schwärzlich gefleckt. Schon ab April bis Mitte Mai sitzt auf einem blattlosen Stängel die tütenförmige, grünlich weiße Blütenscheide, die sich im unteren Teil kesselförmig erweitert und deren charakteristischen, kolbenförmigen Blütenstand umgibt, dessen braunroter Endabschnitt aus dem von der Blütenscheide gebildeten Kessel herausragt. An dem Kolben entwickeln sich dann im Spätsommer dicht gedrängt stehende, eiförmige Beeren, die zunächst grün, dann glänzend rot sind.

**Vorkommen:** In Europa verbreitet; wird nach Norden immer seltener. Er kommt zerstreut in schattigen, feuchten Laubwäldern, in Hohlwegen und unter Hecken vor.

**Gift:** Die roten Beeren, die frischen Blätter und auch der frische Wurzelstock enthalten das giftige Aroin. Vergiftungen sind bei Kindern vorgekommen durch den Verzehr der etwas süßlich schmeckenden Beeren und der säuerlich schmeckenden Blätter. **Wirkung:** Örtliche Reizwirkung; resorptiv erregend und lähmend auf das Zentralnervensystem. **Vergiftungserscheinungen:** Bei Hautkontakt starke Reizerscheinungen bis zur Blasenbildung. Nach oraler Aufnahme Übelkeit, Erbrechen, Durchfall. In älterer Literatur Erregung und Krampfanfälle beschrieben. **Erste Hilfe:** Bei Beschwerden zum Arzt. **Therapie:** Bei Hautveränderungen lokal Glucocorticoide. Beim Verschlucken Kohlegabe, symptomatische Therapie, gegebenenfalls primäre Giftentfernung.

Der Blütenstand des Aronstabs bildet eine Kesselfalle für Insekten zur Sicherung der Bestäubung.

Die Früchte des Aronstabs liegen nach dem Absterben der Blätter und dem Abfallen der Blütenscheide frei und werden von den Waldvögeln verzehrt.

# Zimmerpflanzen

Wenn in dieses Buch Zimmerpflanzen aufgenommen wurden, so geschah dies weniger wegen deren Giftigkeit, sondern vielmehr wegen der sich häufenden Zahl der Anrufer bei Giftnotrufzentralen. Meist sind es besorgte Eltern aus Angst um ihre Kinder, die ja in einem bestimmten Alter einem unheimlichen Zwang unterliegen, alles in den Mund zu stecken und darauf herumzukauen.

Generell kann man sagen, dass Vergiftungen durch Zimmerpflanzen relativ selten sind. So überrascht es auch nicht, dass bei der Auswertung der Statistiken zweier bekannter deutscher »Giftnotrufe«, der nur wenig giftige Korallenstrauch *(Solanum pseudocapsicum),* dessen rot

Alpenveilchen

glänzende Beeren ganz offensichtlich eine Anziehungskraft auf Kinder besitzen, die Nummer eins bei den Anfragen ist. Das wesentlich giftigere Alpenveilchen *(Cyclamen persicum)* wird dagegen, obwohl es in mindestens ebenso vielen Haushalten gepflegt wird, kaum beachtet. Wenn bei den aufgeführten Zimmerpflanzen Vergiftungserscheinungen beschrieben sind, so sind dies nicht unbedingt wiedergegebene Erfahrungen aus beobachteten Vergiftungsfällen, da echte Vergiftungen durch diese Pflanzen nicht allzu oft vorkommen, sondern das Wissen um die Wirkung einzelner pflanzlicher Inhaltsstoffe und die Erfahrungen durch Tests im Tierversuch. So kann man davon ausgehen, dass schon eine Vielzahl von Blättern, Blüten oder Früchten gekaut bzw. gegessen werden müssen, um diese Symptomatik zu bestätigen. Im Zweifelsfall ist es aber immer ratsam, sich an eine in diesem Büchlein angeführten Giftnotrufzentralen, den Hausarzt, das nächste Krankenhaus oder im Notfall an eine der Rettungsleitstellen zu wenden.

## Alpenveilchen
*Cyclamen persicum*

Primelgewächse, Primulaceae. Unzählige Züchtungen haben das Alpenveilchen zu einer der beliebtesten Topfpflanzen werden lassen.

In unterschiedlicher Größe und mannigfaltigen Blütenformen und -farben weicht es stark von seinen Vorfahren aus den Bergen des Mittelmeerraumes ab. In den Pflanzenteilen, hauptsächlich in den frischen Knollen, sind Saponine und als giftiger Hauptbestandteil das Glykosid Cyclamin enthalten. Bei Aufnahme kleinerer Mengen können Übelkeit, Erbrechen, Magenschmerzen und Durchfälle auftreten; bei größeren Mengen sehr heftige gastrointestinale Erscheinungen, Schwindel, Schweißausbrüche, Krämpfe später Lähmungen, <u>Therapie:</u> Nach Verschlucken erbrechen lassen oder Magenspülung, Kohlegabe und Abführmittel; bei Unruhe und Krämpfen Sedativa. Beachtung verdient die Behandlung von Kreislaufschädigung und Atmung.

Becher- oder Giftprimel

Dieffenbachie

## Becherprimel
*Primula obconica*

Primelgewächse, Primulaceae. Auch Giftprimel nennt man diese aus China stammende Staude. Sie ähnelt im Aussehen unserer heimischen Schlüsselblume und ist in vielen Farbtönen auf dem Markt. Die Primel enthält im Sekret der Drüsenhaare das Gefäßgift Primin, welches schon bei bloßer Berührung der samtigen Blätter die bekannte Primeldermatitis – Rötung der Haut, starker Juckreiz und Bläschenbildung – auslösen kann. <u>Maßnahmen:</u> Sofortiges Abwaschen mit warmem Wasser. Bei Nichtnachlassen des Juckreizes Arzt aufsuchen.

## Dieffenbachie
*Dieffenbachia*-Hybriden

Aronstabgewächse, Araceae. Die einzelnen Arten, der aus dem tropischen Regenwald stammenden und nun als *Dieffenbachia*-Hybriden nachgezüchteten Pflanzen unterscheiden sich mehr oder weniger durch die Musterung ihrer Blätter. In allen Teilen der Pflanze sind ein unbekannter Scharfstoff enthalten sowie Calciumoxalat, Oxalsäure und zyanogene Glykoside. Nach dem Kauen der Blätter können auftreten: Brennen der Lippen und der Zunge, Schluckbeschwerden und Erschwerung des Sprechens durch Schwellungen im Mund-Rachen-Raum. Therapie: Behandlung der Verätzungs- und Reizerscheinungen; bei oraler Aufnahme reichliche Flüssigkeitsgabe, evtl. Magenspülung. Schwach giftig sind noch die Aronstabgewächse Buntwurz *(Caladium-Bicolor-Hybriden)*, das Einblatt *(Spathiphyllum wallisii)* und die Efeutute *(Epipremnum pinnatum)*.

## Flamingoblume
*Anthurium*-Hybriden

Aronstabgewächse, Araceae. Aus den tropischen Regenwäldern Amerikas stammt die großblättrige Flamingoblume. Charakteristisch ist bei den weißen oder roten Blüten ihr wachsartiger Überzug. Die Pflanze enthält einen unbekannten Scharfstoff und Saponine, welche Reizwirkungen auf Haut und Schleimhaut auslösen können. Bei oraler Aufnahme kann es zu Erbrechen kommen. Therapie: Siehe Dieffenbachie.

## Philodendron
*Philodendron*-Hybriden

## Fensterblatt
*Monstera deliciosa*

Aronstabgewächse, Araceae. Während die Blätter der Philodendron-Arten sehr stark variieren, sowohl in der Größe als auch in der Form, ist das Fensterblatt mit seinen großen fiederlappigen Blättern kaum zu verwechseln; bei Letzterem hat sich immer noch die alte botanische Bezeichnung »Philodendron« im Sprachgebrauch erhalten.

Flamingoblume

Fensterblatt

Hauptsächlich in ihren Wurzeln enthalten die Pflanzen einen unbekannten Scharfstoff, der auf der Haut und Schleimhaut Reizwirkungen hervorruft. Auch bei diesen Arten kann es bei oraler Aufnahme zu Erbrechen kommen. <u>Therapie:</u> Siehe Dieffenbachie.

## Oleander
*Nerium oleander*

Hundsgiftgewächse, Apocynaceae. Der im Mittelmeerraum beheimatete Strauch mit seinen duftenden, weißen, rosa oder roten Blüten wird bei uns als Zimmerpflanze, aber auch als Strauch in Gärten gehalten. Der Oleander beinhaltet in allen Pflanzenteilen herzwirksame Glykoside und Alkaloide. Innerlich aufgenommen kann es zu Kopfschmerzen, Übelkeit, Erbrechen und Durchfällen, zum Auftreten von Krämpfen und zunehmender Herzschwäche kommen. <u>Maßnahmen:</u> Magenspülung, Kohle, Abführmittel, Bettruhe, Sedativa, Kreislaufüberwachung.

Oleander

Wüstenrose

## Wüstenrose
*Adenium obesum*

Hundsgiftgewächse, Apocynaceae. Der aus Afrika stammende Strauch wächst mit dickem Stamm und kurzen, ebenfalls fleischigen Ästen. Mit seinen glänzend grünen Blättern und den großen rosa Blüten zeigt er Ähnlichkeit mit dem Oleander. Der Milchsaft der Pflanze wird zwar als giftig beschrieben, jedoch sind

Madagaskar-Immergrün

Gummibaum

keine Vergiftungen bekannt. Die Wüstenrose wird von Eingeborenen als Pfeilgift verarbeitet; man sollte also beim Umgang mit diesen Pflanzen auf Wunden an den Händen achten!
Eine Verwandte der Wüstenrose ist die Madagaskarpalme *(Pachypodium lamerei)*, die eine Ähnlichkeit mit einem Säulenkaktus zeigt, sich aber von ihm u. a. durch eine schopfartige Anordnung von Blättern auf dem verdickten Stamm unterscheidet.

## Madagaskar-Immergrün
*Catharanthus roseus*

Hundsgiftgewächse, Apocynaceae. Ein in den Tropen vorkommender Halbstrauch, der bei uns als Topfpflanze angeboten wird. Die weißen, rosaroten oder roten Blüten sind tellerförmig ausgebreitet. Wie die meisten Hundsgiftgewächse wird auch der *Catharanthus* als giftig beschrieben. Siehe Oleander!

## Gummibaum
*Ficus*-Arten

Maulbeergewächse, Moraceae. Die vielen, meist gärtnerisch kultivierten Arten haben gemeinsam, dass sie ganzrandige, meist ledrige Blätter in wechselständiger Anordnung haben. Der Milchsaft des Gummibaumes beinhaltet Harz, Kautschuk, Cumarine und Proteine. Das Essen von Blattteilen und Luftwurzeln kann Würgen, Erbrechen

und Bauchschmerzen hervorrufen.
Empfohlen wird, reichlich Flüssigkeit und Kohle zu geben.

## Korallenstrauch
*Solanum pseudocapsicum*

Nachtschattengewächse, Solanaceae. Eine kleine, strauchartig wachsende Topfpflanze, die vorwiegend
wegen ihrer schönen beerenartigen,
rot glänzenden Früchte gehalten
wird und die in allen Pflanzenteilen
den Stoff Solanocapsin enthält.
Der Korallenstrauch ist eine nur
schwach giftige Pflanze, und es
muss eine Vielzahl von Früchten gegessen werden, dass nach deren
Verzehr Übelkeit, Erbrechen und
Leibschmerzen auftreten. Therapie:
Reichlich Flüssigkeit, Kohlegabe,
sonst symptomatisch.
Den zur gleichen Familie gehörigen
Zierpaprika *(Capsicum annum)*
brachten die Spanier als »Spani-
schen Pfeffer« mit nach Europa.
Zuchtformen dieses Krautes werden
heute als Gewürz, Gemüse oder als
Zierform angeboten.

## Klivie
*Clivia miniata*

Amaryllisgewächse, Amaryllidaceae.
Die Klivie mit ihren orangeroten Blütenständen wird wegen ihrer langen,
schmalen Blätter auch Riemenblatt
genannt. Die Pflanzenteile beinhalten Alkaloide, die, oral aufgenommen, Übelkeit, Husten, Speichelfluss und Erbrechen auslösen kön-

Der Korallenstrauch ist nur schwach giftig.

Klivie

nen. Empfohlen wird reichliche Flüs-
sigkeits- und Kohlegabe.
Ähnlich wirken noch Amaryllis *(Hip-
peastrum-*Hybriden*)* und die Kleine
Amaryllis *(Vallota speciosa)*.

Fuchsien sind ungiftig.

Croton oder Wunderstrauch

## Fuchsie
*Fuchsia*-Hybriden

Nachtkerzengewächse, Onagraceae.
Aus den Wildarten der Fuchsie ge-
züchtete Kulturarten haben wegen
ihrer Formen- und Farbenfülle einen
großen Beliebtheitsgrad erreicht.
Diese Pflanzen sind ungiftig und
werden hier ausschließlich wegen
der Häufigkeit von Anfragen bei
Giftnotrufzentralen angeführt.
Offensichtlich besitzen die schönen
Blüten der Fuchsien eine besondere
Anziehungskraft für Kleinkinder.

## Croton
*Codiaeum variegatum*

Wolfsmilchgewächse, Euphorbiaceae. Auch Wunderstrauch nennt
man diese aus den Tropen stammende, bei uns gezogene Pflanze.
Die grünen, rot oder gelblich ge-
musterten Blätter sind lanzettlich
und stehen wechselständig. In den
Pflanzenteilen ist ein giftiger Milchsaft, der – äußerlich – zu Hautreizungen führen kann. Innerlich kann
es zu Erbrechen und Durchfällen
kommen; hier sollte man reichlich
Flüssigkeit geben.
Ebenfalls giftigen Milchsaft enthält
der Christusdorn *(Euphorbia milii)*.

## Weihnachtsstern
*Euphorbia pulcherrima*

Wolfsmilchgewächse, Euphorbiaceae. Wegen seiner bunten Blätter,
deren Farbpalette vom satten Grün
über Gelblich-Rosa zu Leuchtendrot
geht, ist der Weihnachtsstern eine
beliebte Zimmerpflanze. Auch er
hat in seinen Stängeln und Blättern
einen giftigen Milchsaft. Wenn
dieser milchige Saft auf die Haut
gelangt, sollte man die betroffenen
Stellen sofort gründlich reinigen.
Bei innerlicher Aufnahme kann es
zu heftigen Durchfällen und Nierenreizungen kommen. <u>Maßnahmen:</u>
Magenspülung, Kohle, Abführmittel
und symptomatische Therapie.

Weihnachtsstern

# Tiere

## Spinnentiere

### Hausskorpion
*Euscorpius italicus*

Skorpione, Scorpionidae. **Merkmale:** Dieser kleine Skorpion mit seinem schwarzbraunen Körper wird nur 3–4 cm lang. An der Rumpfvorderseite trägt er 2 große Scheren; es sind seine mächtig vergrößerten Kiefertaster (Pedipalpen). Der Körper wird von 4 Laufbeinpaaren getragen und setzt sich aus einem breiten vorderen Teil und einem nach allen Seiten beweglichen, schwanzähnlich aussehenden hinteren Teil zusammen. Am letzten Hinterleibssegment sitzt der kräftige, gebogene Stachel, der durch Krümmen des Hinterleibes nach vorn die Beute erreicht und tötet. **Vorkommen:** Mittelmeergebiet. 2 weitere, kleine Vertreter der Skorpione, *E. carpathicus* und *E. germanus,* kommen auch in Südtirol und in der Südschweiz vor. Der nördlichste Fundort von *E. carpathicus* war in Niederösterreich. **Gift:** Hyaluronidase. **Wirkung:** Der Stich wird als harmlos beschrieben. **Vergiftungserscheinungen:** Lokale Schmerzen an der Einstichstelle, vergleichbar mit einem Stich durch Bienen oder Wespen. **Therapie:** Kalte Umschläge zur Schmerzlinderung.

Skorpione (im Foto *E. carpathicus*) tragen die Jungtiere eine Zeit lang auf dem Rücken.

Der Stich des Feldskorpions ist durchaus gefährlich und sollte behandelt werden.

## Feldskorpion
*Buthus occitanus*

Skorpione, Scorpionidae. **Merkmale:** Der Feldskorpion ist im Aussehen dem Hausskorpion sehr ähnlich, weist aber eine gelbbraune Färbung auf und wird etwa 8 cm lang. **Vorkommen:** Mittelmeergebiet. **Gift:** Eiweiß enthaltendes Toxin, Hyaluronidase. **Wirkung:** Neurotoxisch. **Vergiftungserscheinungen:** Nach dem Stich lokale Rötung, starke Schmerzen mit Prickeln, später Gefühllosigkeit an der Einstichstelle. Allgemeine Reaktion mit Schwitzen, Schwäche, Pulsverlangsamung. Nach 4–6 Stunden Angst und Ruhelosigkeit mit Pulsbeschleunigung. Bis zu 10 Stunden nach dem Stich kann ein Lungenödem auftreten. **Erste Hilfe:** Oberhalb des Stiches stauen, Ruhigstellung des betroffenen Gliedes; ärztliche Behandlung ist nötig. **Therapie:** Evtl. Inzision der Wunde, Analgetika, Cortison, spezifisches Serum; bei unruhigen Patienten kurz wirkende Barbiturate.

Auch der gleich große Felsenskorpion *(Scorpio afer)* kommt im Mittelmeerraum vor. Da alle Skorpione

Nachttiere sind, ist in Gebieten, in denen sie vorkommen, ein Barfußlaufen nach dem Einbruch der Dämmerung nicht mehr ratsam.

## Kreuzspinne
*Araneus diadematus*

Radnetzspinnen, Araneidae. **Merkmale:** Meist gelbbraun, selten hellgrün gefärbt, immer mit einem deutlich sichtbaren weißen Kreuz auf dem Hinterleib, lauert die Kreuzspinne in ihrem kunstvoll gesponnenen Radnetz auf ihre Opfer. **Vorkommen:** Europa. Häufig in Wäldern und auf Wiesen, aber auch an Gebäuden. **Gift:** Giftige Eiweißstoffe. Wirkung: Nach dem Biss nur lokale toxische Wirkung. **Vergiftungserscheinungen:** Nur an zarten Stellen der Haut kann es zu einem Biss mit nachfolgender starker Schwellung und Lähmung in der Umgebung der Bissstelle kommen. **Therapie:** Kühlende Umschläge.

Kreuzspinne im Netz
Wasserspinne mit luftumhüllten Hinterleib

## Wasserspinne
*Argyroneta aquatica*      R 3

Trichterspinnen, Agelenidae. **Merkmale:** Etwa 15 mm groß wird die Wasserspinne mit ihrem dunkel graubraunen Körper. Ihr Hinterleib ist mit feinsten weißen Härchen überzogen. Zum Luftholen muss die Wasserspinne von Zeit zu Zeit an die Wasseroberfläche steigen; der von einer Lufthülle umgebene Hinterleib sieht dabei aus wie eine große, silber glänzende Blase. Sie

baut »Luftglocken« in den Wasserpflanzen. **Vorkommen:** Europa. In
Gewässern mit klarem Wasser und
reichem Pflanzenwuchs; selten. **Gift**
bis **Therapie:** Siehe Kreuzspinne.

## Dornfingerspinne
*Cheiracanthium punctorium*

Sackspinnen, Clubionidae. **Merkmale:** Die Dornfinger- oder Stachel-
tasterspinne wird etwa 1 cm groß.
Der Giftapparat dieser
hellgraubraunen Spin-
ne mündet in starken
Cheliceren; sie lebt
von Insekten, die sie
in ihren röhrenförmi-
gen Netzen fängt. **Vor-
kommen:** In Deutsch-
land im Odenwald und
im südlichen Rhein-
gau; in Frankreich, der
Schweiz, in Italien und
Dalmatien. **Gift:** Noch
nicht genau bestimm-
ter Stoff. **Wirkung:**
Lokal und auf Allge-
meinbefinden wirkend.
**Vergiftungserschei-**

**nungen:** Zunächst stechende und
brennende Schmerzen an der Bissstelle, die sich blaurot verfärbt
und anschwillt. Auch Allgemein-
erscheinungen können auftreten:
Übelkeit, Erbrechen, Kopfschmerzen
und eine leichte Temperaturerhöhung. Nach etwa 3 Tagen klingen
diese Symptome wieder ab, die
Bissstelle kann noch längere Zeit
gerötet und geschwollen sein. **Therapie:** Lokal kühlende Umschläge,
Cortisonsalben.

Die Dornfingerspinne ist
die gefährlichste auch in
Mitteleuropa verbreitete
Spinne.

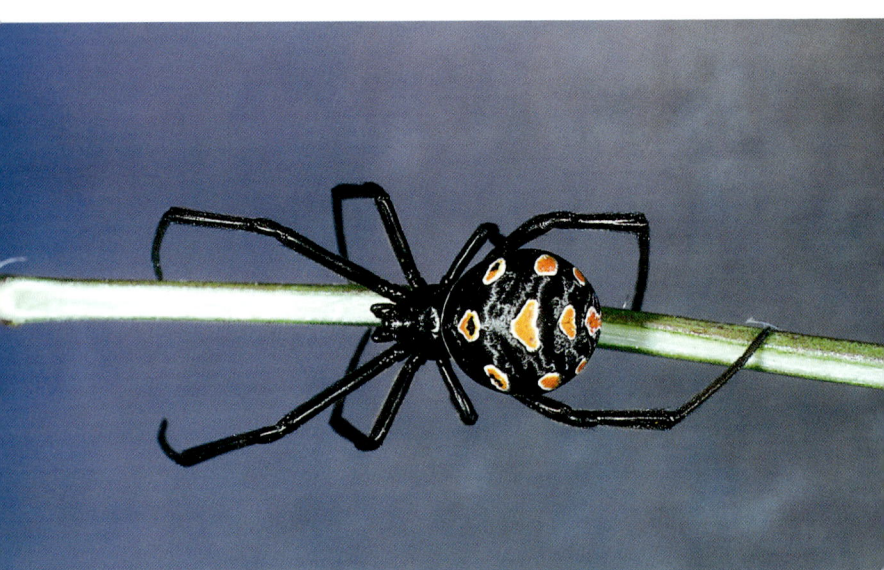

Die Malmignatte oder Schwarze Witwe ist eine gefährliche Spinne im Mittelmeergebiet.

## Malmignatte
*Latrodectus tredecimguttatus*

Kugelspinnen, Theridiidae. **Merkmale:** Die Malmignatte oder Schwarze Witwe ist eine kleine, nur ca. 7–10 mm groß werdende Spinne mit langen Beinen. Ihr Körper ist tiefschwarz und hat 13 blutrote bis orangegelbe Punkte auf dem Hinterleib. **Vorkommen:** Mittelmeergebiet. Die meisten Bisse durch diese Spinne ereignen sich im Freien, jedoch können sich diese Tiere auch auf Toiletten aufhalten, und zwar an der Unterseite der Brillen oder auch im Inneren der Schüssel. **Gift:** Toxische Eiweißstoffe. **Wirkung:** Freisetzen von Acetylcholin und Katecholaminen wurde tierexperimentell nachgewiesen. **Vergiftungserscheinungen:** Innerhalb von 10 Minuten nehmen die Schmerzen des zunächst kaum zu spürenden Bisses stark zu. Es folgen Lymphknotenschwellung, Anstieg des Blutdrucks, Atembeschwerden und Angstzustände, bisweilen mit Todesangst verbunden, Sprachstörungen, Schweißausbruch im Gesicht und Verkrampfung der Kaumuskeln; extrem verhärten können sich auch die Bauchmuskeln. Appetitlosigkeit und Schlafstörungen. **Erste Hilfe:** Kühlende Umschläge, beruhigen; ärztliche Behandlung ist erforderlich. **Therapie:** Gegen lokale Symptome kühlende Umschläge. Wenn vorhanden Spinnengiftserum; gegen Schmerzen Analgetika; Beruhigungsmittel.

## Tarantel
*Lycosa tarentula*

Wolfsspinnen, Lycosidae. **Merkmale:** Bräunlich graue, 3–5 cm große Spinne mit dunklen Querbinden auf dem Hinterleib. Die Tarantel schläft tagsüber in etwa 20–25 cm tiefen Erdlöchern und geht erst abends und während der Nacht auf Raub; sie erbeutet Insekten im Lauf. Nur während des Frühjahrs ist sie auch tagaktiv. **Vorkommen:** Mittelmeergebiet, vor allem in Italien, Sardinien und Spanien. **Gift:** Ein noch nicht untersuchter Wirkstoff. **Wirkung:** Zytotoxisch. »Wie von der Tarantel gestochen« eine »Tarantella« zu tanzen, um nicht dem Wahnsinn zu verfallen, entspricht nicht mehr der Jetztzeit; man schreibt diese Art, durch eine merkwürdige Tanzwut den Spinnenbiss heilen zu wollen, einer Massenpsychose des späten Mittelalters zu. **Vergiftungserscheinungen:** Ungefährlicher Biss, nicht sehr schmerzhaft, mit Bienenstich vergleichbar. **Therapie:** Kühlende Umschläge, sonst symptomatisch.

## Zecke
*Ixodes ricinus*

Zecken, Ixodidae. **Merkmale:** Die achtbeinige Zecke, auch Holzbock genannt, lebt vom Blut der Säugetiere, gelegentlich aber auch vom Blut des Menschen; sie besitzt einen Stechsaugrüssel mit Widerhaken. Das normalerweise bis 4 mm große Tier kann, wenn es satt ist, 11 mm

Größe erreichen. **Vorkommen:** Von Nordeuropa über Polen, Mittel- und Süddeutschland, Tschechien, Slowakei, Ungarn, das Alpengebiet (besonders Österreich) bis Kroatien und Griechenland. Lebt in feuchten Gegenden auf Wiesen und in Wäldern. **Gift:** Die Zecke ist kein »Gifttier«, kann aber auf den Menschen zwei ernst zu nehmende Krankheiten übertragen:
a) durch Viren die Frühsommer-Meningo-Enzephalitis (FSME),
b) durch Bakterien die Lyme-Borelliose.

Tarantel

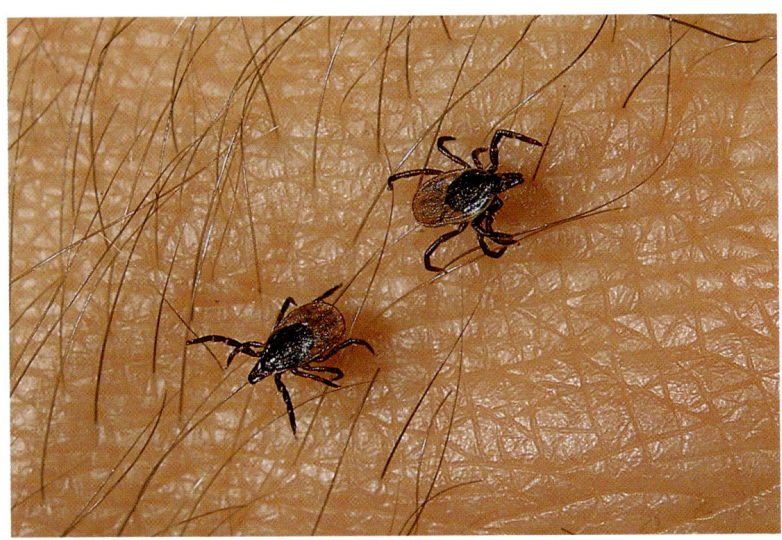

Zecken auf menschlicher Haut.

**Diagnose:** Bei diesen Krankheiten wurden sowohl tödliche Verlaufsformen als auch länger anhaltende Beschwerden (Kopfschmerzen, Lähmungen, depressive Verstimmung) registriert. 3–4 Wochen nach dem Biss sind im Serum des Betroffenen spezifische Antikörper nachweisbar. Erforderlich sind: zu a) eine Vollblutprobe von 5 ml, zu b) 5 ml bzw. 10 ml Serum oder Vollblut. Bei neurologischen Manifestationen wird die gleichzeitige Einsendung von Liquor empfohlen. Bei Gelenkmanifestationen kann auch Gelenkpunktat untersucht werden. **Symptome:** Zu a) Das Krankheitsbild hat einen zweiphasigen Verlauf. 1. Nach einer Inkubationszeit von 3–14 Tagen kommt es zu einem grippeartigen Krankheitsbild mit Fieber, Kopf-, Bauch- und Gliederschmerzen. In der Regel bilden sich diese Erscheinungen innerhalb von 4–6 Tagen wieder zurück, womit das Krankheitsbild vielfach seinen klinischen Abschluss findet. 2. In anderen Fällen (8–10% der infizierten Personen) kommt es zu einer zweiten Phase, die nach 4–6 Tagen Beschwerdefreiheit auftritt und durch hohes Fieber, starke Kopfschmerzen, Erbrechen und Lähmungserscheinungen gekennzeichnet ist. Obwohl die Rückbildungstendenz gut ist, gibt es immer wieder Fälle mit tödlichem Ausgang. Zu b) Anhaltender heftiger Schmerz in der Umgebung der Zeckenbissstelle mit entzündlicher Rötung der Haut, auf der sich ein hellroter, sich nach außen vergrößernder Ring bilden kann. Außerdem Ausfallserscheinungen im Bereich des peripheren Nervensystems, chronisch lymphozytare Meningitis, Gelenkentzündungen. **Erste Hilfe:** Nach dem Erkennen der Krankheiten nicht mehr möglich; hier sollte man vorbeugen: In den Zeiten besonderer Zeckenaktivität (Mai, Juni, September) bekannte Gefahrengebiete meiden! Nicht am Waldrand und auf Waldlichtungen rasten! Nach Spaziergängen bzw. am Abend die Haut – besonders bei Kleinkindern – nach Zecken absuchen. Fest sitzende Zecken sofort entfernen, aber vorsichtig! Am besten ist es wie bei der Entfernung eines Holzspanes oder eines Stachels zu verfahren, nämlich mit einem spitzen Gegenstand (Nadel) den Kopf des Tieres aus der Haut zu entfernen, ohne dabei auf den Körper der Zecke Druck auszuüben. Denn dabei könnten z. B. im Darm der Zecke befindliche Bakterien (Überträger der Lyme-Borreliose) in den Körper des Menschen gelangen. Anschließend ist Selbstbeobachtung notwendig: Bei eventuellem Auftreten der beschriebenen Symptome einen Arzt aufsuchen. **Therapie:** Zu a) Bei Frühsommer-Meningo-Enzephalitis (FSME) sind symptomatische Maßnahmen wie bei anderen Viruserkrankungen zu ergreifen. Zu b) Antibiotika (Cephalosporine, Tetracycline). **Vorbeugung:** Bei Frühsommer-Meningo-Enzephalitis sind passive und aktive Immunisierung möglich. Passive Immunisierung: Vor der Zeckenexposition 0,05 ml/kg KG FSME-Immunglobulin i. m. Nach Zeckenbiss in den ersten

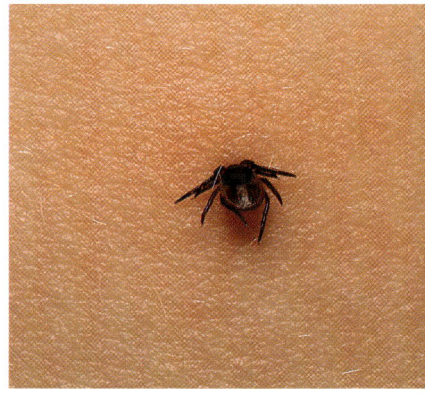

In der Haut eingebohrte Zecke.

3 Tagen 0,1 ml/kg KG FSME-Immunglobulin i. m.; nach dem dritten Tag 0,3 ml/kg KG; die Erkrankung wird nicht verhindert, aber der Verlauf gemildert. Aktive Immunisierung: Mit FSME-Gewebekultur-Vaccine. Insgesamt werden drei Impfun-

Bei einer vollgesogenen Zecke bläht sich der Hinterkörper enorm auf.

gen empfohlen (je 1 ml FSME-Vaccine i. m.), die zweite Injektion vier bis sechs Wochen nach der ersten Injektion, die dritte Injektion ein Jahr nach der ersten Injektion. Die Impfung wird gut vertragen, evtl. grippale Symptome nach der ersten Injektion; nach der zweiten Impfung sind kaum mehr Nebenreaktionen zu erwarten. Die erste Teilimpfung gewährt nach 14 Tagen einen etwa 80%igen Schutz, die zweite Impfung gewährt bereits 100%igen Schutz. Nach der dritten Teilimpfung hält die Immunität drei Jahre an. Bei Lyme-Borreliose ist eine vorbeugende Immunisierung nicht möglich.

## Insekten

Allein in Mitteleuropa sind die Insekten mit etwa 30 000 verschiedenen Arten vertreten. Wir finden sie im und über dem Erdboden, im Wasser und in der Luft. Einige Arten haben, obwohl sie eigentlich nicht »giftig« sind, Geschichte gemacht, z. B. die Menschenlaus *(Pediculus humanus)* als Überträger des Fleckfiebers.
Viele Jahre waren wir eigentlich von diesen unangenehmen Insekten verschont; sie traten nur noch bei großen Menschenansammlungen über längere Zeit bei gleichzeitigem Nachlassen der Reinlichkeit oder auch nach großen Katastrophen auf. Erschreckenderweise sind die Läuse aber wieder auf dem »Vormarsch«; man findet sie schon wieder in Kindertagesstätten und Schulen.

Von dort werden sie auf den Köpfen der Kinder sowie in deren Kleidungsstücken nach Hause getragen.
Auch der Menschenfloh (*Pulex irritans*) war in der »guten alten Zeit«, als Menschen und Ratten in enger Nachbarschaft lebten, als Überträger der Pest bekannt. Beim Bau des Panama-Kanals starben etwa 15 000 Menschen am Gelbfieber, das durch Fiebermücken (*Anopheles*-Art) – die auch in vier Arten in Mitteleuropa verbreitet sind — übertragen wurde. In den Tropen hat sich ebenfalls die *Anopheles*-Art, Moskitos, als Überträger der Malaria einen Namen gemacht. Viel von dem Schrecken, den diese Insekten verbreiten, konnte, zumindest in unseren Breitengraden, durch moderne Wissenschaft und Medizin von uns genommen werden. So sind in diesem Büchlein auch nur zwei »Blutsauger« und einige andere mit einem Stechapparat ausgerüstete Insekten beschrieben, die juckende Quaddeln oder schmerzhafte Stiche hinterlassen, in zunehmendem Maß aber auch allergische Reaktionen auslösen.

## Rückenschwimmer
*Notonecta glauca*

Rückenschwimmer, Notonectidae.
**Merkmale:** Der auch als Wasserbiene bekannte Rückenschwimmer wird etwa 15 mm lang und verdankt seinen Namen der Eigenart, mit dem Rücken nach unten zu schwimmen oder auch in dieser Art an der Unterseite des Wasserspiegels zu »hän-

Rückenschwimmer

Wasserskorpion

gen«. Da er leichter als das Wasser
ist, kann er, wenn er mit dem Hinterleib nach oben an die Wasseroberfläche kommt, sofort aus dem Wasser zum Flug starten. Die gewölbte
Rückenseite ist heller gefärbt als
der Bauch. Zur Fortbewegung unter
Wasser dienen die als lange Ruder-
beine gestalteten, mit Schwimm-
haaren besetzten Hinterbeine. Mit
den Vorderbeinen wird die Beute
ergriffen und gehalten und mittels
Stechrüssel ausgesaugt. **Vorkommen:** Europa; in stehenden Gewässern. **Gift:** Nicht bekannte Stoffe.
**Wirkung:** Schmerzhafter Stich ohne
weitere Folgen. **Therapie:** Kühlende

Umschläge und Pflasterschutzverband um evtl. sekundäre Infektion
zu verhindern.

## Wasserskorpion
*Nepa cinerea*

Skorpionswanzen, Nepidae. **Merkmale:** Der Wasserskorpion wird
etwa 2 cm lang; sein länglich-eiför-
miger, flacher Körper ist eintönig
graubraun gefärbt und trägt meist
noch eine Schmutzkruste am Rücken.
Während die mittleren und hinteren
Beine zum Laufen und Schwimmen
dienen, ist das vordere Beinpaar

dieses Insekts zu 2 Fangarmen umgestaltet; es fängt und hält damit seine Beute, um sie mit seinem Stechrüssel auszusaugen. Das nadelähnliche Gebilde am Hinterende des Körpers ist die Atemröhre des Wasserskorpions. **Vorkommen:** Europa. Fast ausschließlich in langsam fließenden oder stehenden Gewässern, hauptsächlich in seichten Uferzonen; meist auf Beute lauernd und reglos am Boden oder an Wasserpflanzen sitzend. **Gift** bis **Therapie:** Siehe Rückenschwimmer.

## Rote Raubwanze
*Rhinocoris iracundus*

Raubwanzen, Reduviidae. **Merkmale:** Die etwa 12 mm lange Rote Raubwanze ist rot und schwarz gezeichnet und hat, wie alle Vertreter ihrer Art, einen schmalen Kopf, der hinter den vorstehenden Augen halsartig verengt ist. Mit einem kurzen, kräftigen, abstehenden Rüssel ist diese Raubwanze in der Lage, ein Beutetier zu stechen, es zu betäuben und zu töten, um es anschließend auszusaugen. **Vorkommen:** Europa. Sitzt meist auf Blüten und lauert auf anfliegende Insekten. **Gift** bis **Therapie:** Siehe Rückenschwimmer.

## Ameisen

Ameisen, Formicidae und Myrmicidae. Die systematisch zu den Hautflüglern zählenden Ameisen sind mit etwa 6000 Arten weltweit verbreitet. In Europa sind sie immer-

Rote Raubwanze

hin mit ca. 200 Arten vertreten. Die
Weibchen (Königinnen und Arbeiterinnen) mancher Arten besitzen
einen Stachel, der aber bei den
höher entwickelten Arten nicht aus-
gebildet ist; hier ist meist nur noch
die Giftdrüse vorhanden. Unsere
heimischen, stachellosen Ameisen,
z. B. die <u>Schwarze Wegameise</u> *(Lasi-
us niger)* und die <u>Rote Waldameise</u>
*(Formica rufa)*, R 3, G, verursachen
durch ihren Biss nur geringe lokale
Erscheinungen auf der menschlichen Haut, auch dann, wenn aus der
Drüse am Hinterleib Gift (Ameisensäure) in die Bissstelle gespritzt
wird. Sollten lokale Reizungen auftreten, so sind kalte Umschläge zur
Behandlung ausreichend; eventuell
noch die betroffenen Stellen mit Sal-
miakgeist einreiben.

Bisse der Roten Waldameise sind manchmal schmerzhaft, insbesondere wenn
zusätzlich Ameisensäure eingespritzt
wird, aber ungefährlich.

## Honigbiene
*Apis mellifica*                                 G

Bienen, Apidae. **Merkmale:** Die am
Körper leicht behaarte Honigbiene
ist dunkelbraun gefärbt, hat glasige
Flügel und am Hinterleibsende
einen Giftstachel. Die etwas größeren Drohnen (männliche Tiere)
haben keinen Stachel. **Vorkommen:**
Weltweit verbreitet. **Gift:** Mellitin,
Histamin, Phospholipase A und
Hyaluronidase. **Wirkung:** Mellitin als
Hauptbestandteil des Bienengiftes
hat eine hämolytische Wirkung; es
kann aber auch, sowohl anregend
als auch lähmend, auf die Funktion
des Herzens wirken. Histamin ist
schmerzerzeugend und wirkt auf
den Kreislauf blutdrucksenkend.

Phospholipase und Hyaluronidase
sind Proteine und können als Anti-
gene wirken. Beim Menschen wird je
Stich etwa 0,1 mg (Trockensubstanz)
abgegeben. Etwa 5 Bienenstiche
sind toxisch, bei 40 Stichen rechnet
man schon mit schweren Erscheinungen, tödlich sein sollen jedoch
erst über 500 Stiche. Bei überemp-
findlichen Personen kann aber bereits ein einzelner Stich durch eine
akute anaphylaktisch-allergische
Reaktion zum Tod führen! **Vergiftungserscheinungen:** Örtliche Reizerscheinungen: Brennen, Jucken,
entzündliche Rötung, Anschwellung,
heftiger Schmerz. Achtung! Gefahr
nach Stich in den Hals bzw. Rachen
(Verschlucken einer Biene oder
Wespe durch Aufnahme süßer
Speisen und Getränke). Eine sich
dadurch schnell entwickelnde
Schwellung der Schleimhaut des

Als Stachel fungiert bei der Honigbiene (Foto oben) die umgebildete Legeröhre. Da nach dem Stich der Stachel samt Giftblase ausreißt und in der Stichwunde verbleibt (Foto unten), stirbt die Biene nach dem Stich.

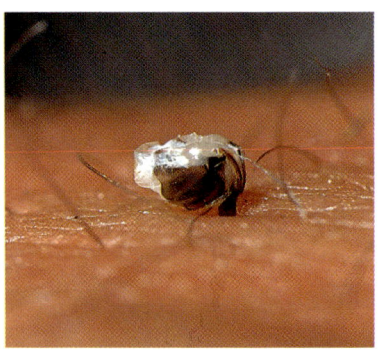

Kehlkopfes (Glottisödem) kann zum Ersticken führen. Beim Stich in ein Blutgefäß sind lokale Symptome meist leichter: Eine etwa handtellergroße Rötung, die schmerzhaft auf Druck reagiert und innerhalb von

2 Tagen abklingt. Es kann aber auch eine Sofortwirkung mit allgemeinen Symptomen eintreten: Übelkeit, evtl. Erbrechen, Temperaturanstieg bis auf 39 °C mit Schüttelfrost, Kopfschmerzen, Verminderung der täglichen Harnausscheidung, Atemnot, beschleunigter Puls, Blutdrucksenkung. Die übrigen allergischen Zeichen sind Juckreiz, stark juckende Quaddeln, allergisches Asthma, in schweren Fällen Kreislaufkollaps. Meist normalisiert sich das Befinden im Verlauf von 24–40 Stunden. Es besteht aber auch die Gefahr einer anaphylaktischen Reaktion: schwere Schockerscheinungen, Herzlähmung mit Tod im Lungenödem. **Erste Hilfe:** Stachel entfernen; am besten mit einer Pinzette, aber unter Vermeidung jeglichen Drucks auf die noch am Stachel hängende Giftblase.

In großen Bienenstöcken, in denen Jungköniginnen heranwachsen, kann es zum »Schwärmen« kommen: Eine Königin zieht mit einem Teil des Volkes aus, um einen neuen Staat zu bilden. Oft »rasten« solche wandernden Schwärme in Obstbäumen.

Bei Massenstichen die Giftblase mit einem scharfen Rasiermesser abschneiden. Keinen Rasierapparat verwenden!

Wegen der Gefahr einer Über-empfindlichkeitsreaktion gilt auch bei Einzelstichen als Grundregel: Stichverletzte nach Möglichkeit eini-ge Stunden nicht alleine lassen!

Bei Stichen im Mund-Rachen-Raum oder in die Speiseröhre – wenn möglich – sofort schluckweise eis-kalte Getränke zu sich nehmen oder – wenn vorhanden – Eis lutschen,

um eine zunehmende Schwellung der Schleimhäute zu verhindern. Für Patienten mit bekannter Insekten-stich-Allergie empfiehlt sich zur Erste-Hilfe-Behandlung das Mit-führen eines so genannten »Bienen-päckchens«. Nach Empfehlung der Toxikologischen Abteilung München enthält dieses Päckchen: 30 Tablet-ten Decortin H 5 mg und 1 Adrenalin Dosieraerosol (Primatene Mist®). Im Falle eines Insektenstiches soll der Allergiker sofort alle 30 Tabletten Decortin H sowie zwei Hübe des

Helle Erdhummel *(Bombus lucorum)* beim Blütenbesuch.

Adrenalin Dosieraerosols einnehmen. Anschließend sofort den Notarzt verständigen. **Therapie:** Bei allergischem Schock: Adrenalin intravenös und allgemein-intensivmedizinische Maßnahmen. Bei Larynx- oder Glottisödem Intubation oder gegebenenfalls Tracheotomie.

## Hummeln
*Bombus*-Arten                    G

Bienen, Apidae. **Merkmale:** 12–20 mm große Tiere mit pelzig behaarten Körpern und bunten Farben. Diese Wildbienen gehören zu unseren größten, schönsten und auch nützlichsten staatenbildenden Insekten. Ein Hummelvolk kann, je nach Art, 60–500 Tiere pro Jahr hervorbringen. Die weiblichen Tiere, Königinnen und Arbeiterinnen, können zwar stechen, machen aber von

ihrem Stachel nur bei Bedrohung ihres eigenen Lebens Gebrauch, z. B. wenn man auf sie tritt oder in der Hand drückt. Der im Frühjahr gegründete Staat löst sich im Herbst auf; die alte Königin, die Arbeiterinnen und die Männchen sterben. Nur die Jungköniginnen suchen sich ein geeignetes Winterquartier, um überleben zu können, und gründen im nächsten Frühjahr einen neuen Staat. Dies ist auch der Grund, warum man im Frühjahr besonders große Hummeln (Königinnen) fliegen sieht. **Vorkommen:** Hummeln sind mit etwa 400 Arten weltweit verbreitet; bei uns sind sie mit ca. 25 Arten vertreten. Sie suchen ihre Nistplätze z. B. in Mäuselöchern, unter Holzhäuschen, in Baumhöhlen oder auch in Steinhaufen. **Gift:** Serotonin, Phospholipase A, Hyaluronidase. **Wirkung:** Serotonin wirkt schmerzerzeugend und blutdrucksenkend. **Vergiftungserscheinungen** bis **Therapie:** Siehe Honigbiene.

## Wespen
*Polistes*- und *Vespula*-Arten

Faltenwespen, Vespidae. **Merkmale:** Wespen werden 15–25 mm lang; ihr Körper ist gelb und schwarz gezeichnet. Je nach Art gibt es bei Wespen Volksstärken von 100–200 Tieren oder auch, wie bei der Deutschen Wespe *(Vespula germanica)*, von 1000–7000 Tieren. Einschließlich der Hornisse gibt es bei uns acht »typische« Vertreter der staatenbildenden Wespen. Auch diese ungeliebten gelb-schwarzen Hautflügler

Wespen, hier die Deutsche Wespe, fressen gern an Fallobst.

haben ihren festen Platz in unserem Ökosystem und sind, wenn auch nicht direkt, dem Menschen nützlich. Auch bei diesen Insekten können die weiblichen Tiere stechen. Sie sind aber friedlich, greifen außerhalb ihres Nestbereiches nicht an und stechen nur zu ihrer Verteidigung; dies kann allerdings schon gegeben sein, wenn man die vermeintlichen Eindringlinge, die sich an süßen Speisen laben wollen, mit Schlägen zu vertreiben sucht. Vorsicht also, wenn man zur Sommerzeit Obstkuchen im Freien verzehrt! Gläser oder Krüge – besonders mit

süßen Getränken – sollte man grundsätzlich abdecken! Wenn man nicht ausgerechnet beim Essen oder Trinken von einer Wespe in den Mund-Rachen-Raum gestochen wird, ist ein solcher Stich eigentlich

Wespennester auf Dachböden sind durchaus keine seltenen Erscheinungen.

nur für jene Menschen gefährlich, die allergisch darauf reagieren. Auch die Völker der Wespen sterben, wie bei Hummeln, alljährlich im Herbst ab, und nur die frisch geschlüpften jungen Königinnen überwintern und beginnen im nächsten Frühjahr mit der neuen Staatenbildung. **Vorkommen:** In vielen Arten weit verbreitet. **Gift:** Histamin, Serotonin, Wespen-Kinin, Phospholipase A, Hyaluronidase. **Wirkung** bis **Therapie:** Siehe Honigbiene. Das Entfernen des Stachels nach einem Wespenstich entfällt allerdings, da Wespen, im Gegensatz zu Bienen, genügend Muskelkraft besitzen, nach dem Stich ihren Stachel wieder herauszuziehen. Eine Wespe kann also mehrmals Stechen.

## Hornisse
*Vespa crabro*              R 3, G

Faltenwespen, Vespidae. **Merkmale:** Die Hornisse kann bis 40 mm groß

werden und ist damit das größte staatenbildende Insekt unserer heimischen Tierwelt. Hornissen können im Spätsommer auf eine Volksstärke von 100–400 Arbeitstieren anwachsen. Zur Aufzucht ihrer Nachkommenschaft fangen sie Unmengen verschiedener Fliegenarten und Raupen, auch Wespen. Sonst ernähren sie sich von Nektar, Baum- und Pflanzensäften. Leider wird dieses harmlose Insekt noch immer als ein »Horrorwesen« betrachtet. Warum eigentlich? Schon seit alten Zeiten wird behauptet, dass 3 Hornissenstiche einen Menschen und 7 Stiche ein Pferd töten. Dies ist absoluter Unsinn. Weibliche Hornissen können zwar – ebenso wie Bienen und Hummeln – stechen, aber sie bleiben absolut friedfertig, wenn sie in Ruhe gelassen werden. Sollten sie im Verteidigungsfall wirklich stechen, so kann der Stich zwar etwas schmerzhafter sein als z. B. der Stich einer Biene; aber es ist mit nichts zu begründen, warum er

Die Hornisse
ist unsere
größte Wespe.

auch gefährlicher sein sollte. Versuche haben bewiesen, dass selbst kleinere Tiere wie Mäuse oder Ratten mehrere Hornissenstiche unbeschadet überleben können. Eine Ausnahme bilden lediglich Personen, die auf Insektenstiche allergisch reagieren; hier wäre über den Hausarzt eine Hyposensibilisierung anzustreben. Auf etwas sei noch aufmerksam gemacht: Im Gegensatz zu Bienen, Wespen und Hummeln sind Hornissen auch nächtlicherweise auf Futtersuche. Bei offenem Fenster und eingeschaltetem Licht kann es schon einmal vorkommen, dass eine dieser »Riesenwespen«, angelockt durch den Lichtschein, im Zimmer umherfliegt. Schalten Sie einfach das Licht aus; die Hornisse kann sich wieder orientieren und wegfliegen. Ab Anfang bis Ende Oktober gehen die Hornissenvölker ein. Nur die jungen Königinnen überleben und suchen sich, wie Hummeln und Wespen, ein sicheres Winterquartier, um dann im Frühjahr einen neuen Staat zu gründen. **Vorkommen:** Verbreitet vorkommend, verhältnismäßig selten. Sie nisten in den Höhlen großer Laubbäume oder auch, wo diese natürlichen Lebensräume nicht mehr vorhanden sind, auf Dachböden, in Vogelnistkästen und in leeren Bienenwohnungen. **Gift:** Histamin, Serotonin, Acetylcholin, Hornissen-Kinin, Phospholipase A, Phospholipase B. **Wirkung:** Stiche mehrerer Hornissen können bei Kindern durch Herz- und Atemlähmung tödlich wirken. Sonst **Wirkung** und **Therapie:** Siehe Honigbiene.

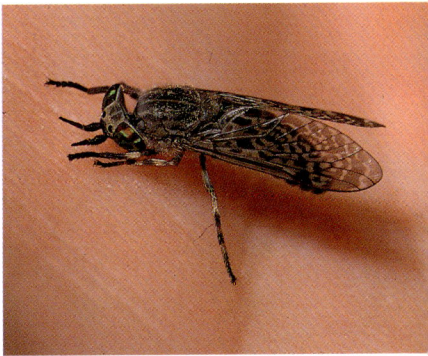

Regenbremse

## Regenbremse
*Haematopoda pluvialis*

Bremsen, Tabanidae. **Merkmale:** Die Regenbremse ist eine kleine, etwa 10 mm lange, graue bis schwarzgraue unscheinbare Fliege mit marmorierten Flügeln. Ein besonderes Merkmal der Bremsen sind die großen Komplexaugen, die beim männlichen Tier in der Mitte zusammenstoßen, beim Weibchen jedoch durch eine schmale Stirn voneinander getrennt sind. Die bunte Augenfärbung dieser Insekten dient oft zum Bestimmen der Art. Die Mundwerkzeuge der Weibchen sind zu einem Stechrüssel geformt, mit dem sie in der Lage sind, die Haut des Menschen zu durchdringen und Blut zu saugen. Die männlichen Tiere begnügen sich mit Pflanzensäften. **Vorkommen:** Gesamteuropa; in den Sommermonaten weit verbreitet. In feuchtem Gelände, an Seen und Flüssen treten die Bremsen beson-

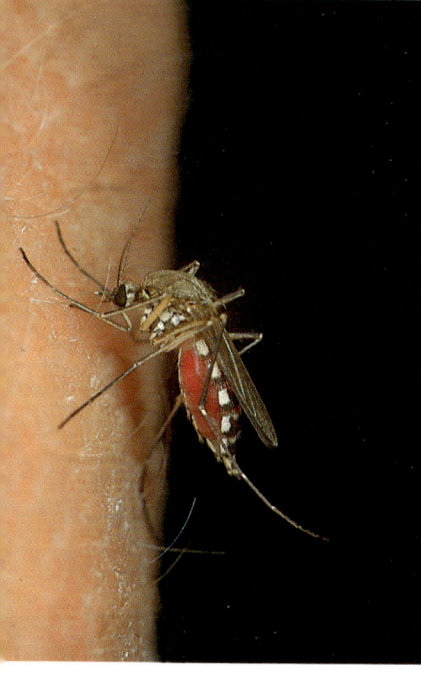

Stechmücke beim Blutsaugen

gefärbt, die Beine sind lang und dünn. Während die Männchen Pflanzensäfte als Nahrung aufnehmen, saugen die Weibchen Blut; dieses ist zur Entwicklung der Eier notwendig. Dringt der Stechrüssel eines Mückenweibchens in die menschliche Haut ein, so fließt gleichzeitig ein scharfes, blutgerinnungshemmendes Sekret in die Wunde. Wird das Insekt bei diesem Vorgang erschreckt, so gibt es wesentlich mehr von diesem Sekret ab und flüchtet im »Alarmstart«, manchmal unter Zurücklassen seines Saugrüssels. **Vorkommen:** Gesamteuropa. Hauptsächlich in der Nähe von Gewässern können Stechmücken zur Plage werden; sie fliegen im Sommer morgens und am Abend, bei bedecktem Himmel auch tagsüber. **Gift:** Blutgerinnungshemmende Stoffe. **Wirkung:** Nach kaum merklichem Stich treten meist Quaddeln auf, die stark jucken. Dieser unangenehme Juckreiz kann tagelang anhalten. **Therapie:** Gründliche Reinigung der betroffenen Stellen, Umschläge mit Alkohol, Pflasterschutzverband zur Verhinderung von Infektionen, die durch Kratzen an der Einstichstelle auftreten können.

ders an heißen und schwülen Tagen massenhaft auf. **Gift:** Ein die Blutgerinnung verhindernder Stoff im Speichel. **Wirkung:** Meißt juckende Beulen an den Einstichstellen. **Therapie:** Alkoholumschläge, evtl. Pflasterschutzverband, um Infektionen zu verhindern.

Neben Stechmücken, die in einer ganzen Reihe von Arten in Mitteleuropa vorkommen, gibt es auch »Blutsauger« in anderen Mückenfamilien, die gelegentlich dem Menschen lästig werden. Erwähnt seien hier die Kriebelmücken (Simuliidae) mit deutlich aufgewölbtem Brustabschnitt und die sehr kleinen Gnitzen (Ceratopogonidae), deren Stichstellen oft tagelang gerötet sind und jucken.

## Stechmücke
*Culex pipiens*

Stechmücken, Culicidae. **Merkmale:** 8–10 mm lang wird die Stechmücke. Der schlanke Körper ist unscheinbar

# Amphibien

## Feuersalamander
*Salamandra salamandra* G

Salamander, Salamandridae. **Merkmale:** Bis 20 cm (in Südeuropa bis 28 cm) lang, schwarz, mit grellgelben bis orangefarbenen unregelmäßigen Flecken gezeichnet. Ein sich nur sehr langsam fortbewegendes, plumpes Tier mit verhältnismäßig breitem Kopf. Die glatte, glänzende Haut ist mit Drüsenporen ausgestattet. **Vorkommen:** In Mittel- und Südeuropa weit verbreitet, teilweise jedoch in andere Rassen übergehend, die etwas kleiner sind, die farbliche Unterschiede aufweisen oder solche, bei denen die Zeichnung der gelben Flecken in Längsbändern zusammenfließt. In anderen Rassen auch auf der Iberischen Halbinsel und auf Korsika vorkommend. Selten im Flachland, überwiegend in schattigen Waldungen der Hügel- und Bergländer; in den Alpen bis 1000 m Höhe. Oft in der Nähe von Quellwässern und Bächen. **Gift:** Im Hautsekret der Tiere wurden mehrere Alkaloide gefunden, unter ihnen das Hauptalkaloid Samandarin (Steroidalkaloid) sowie Samandaron und Samandaridin. **Wirkung:** Samandarin ist ein Krampfgift; es wirkt auf das Zentralnervensystem, hat aber auch eine blutdrucksteigernde und lokalanästhetische Wirkung. Äußerlich wirkt es stark reizend auf die Schleimhäute. **Vergiftungserscheinungen:** Können nur auftreten, wenn man sich nach dem Anfassen des Tieres nicht die Hände wäscht. Vor dem Händewaschen kann z. B. durch unbeabsichtigtes Reiben der

Die Hautsekrete des Feuersalamanders sind giftig.

Der Alpensalamander wird auch »Bergmandl« genannt.

Augen eine mehr oder weniger starke Entzündung auftreten. In diesem Fall ist eine Spülung der Augen mit klarem Wasser ausreichend.

## Alpensalamander
*Salamandra atra*         G

Salamander, Salamandridae. **Merkmale:** Der Alpensalamander oder »Bergmandl« ist schlanker als der Feuersalamander und erreicht nur eine Länge von höchstens 16 cm. Das sich gemächlich fortbewegende Tier ist glänzend schwarz. In der Ohrgegend hat der Alpensalamander je eine große Drüse und an den Rumpfseiten deutlich sichtbare Querfurchen und stark hervortretende Warzen. **Vorkommen:** Nur in den Alpen und im Hochgebirge des westlichen Balkan bis zu einer Höhe von über 3000 m. Er ist völlig unabhängig von Gewässern und kommt in feuchten Wäldern, aber auch noch oberhalb der Waldgrenze, in der Krummholzzone und auf Matten vor. **Gift** bis **Vergiftungserscheinungen:** Siehe auch Feuersalamander.

## Gelbbauchunke
*Bombina variegata*       R 2, G

Scheibenzüngler, Discoglossidae. **Merkmale:** Die Gelbbauch- oder Bergunke mit ihrer ziemlich gedrungenen Körperform wird etwa 5 cm groß. Auf der olivgrauen bis graubraunen Oberseite befinden sich zahlreiche kleine Warzen. Auf der blaugrauen Bauchseite sind große, leuchtend gelbe Flecken. Im Gegensatz zur Rotbauchunke hat das Männchen der Gelbbauchunke keine Schallblasen. Bei den Unken werden so genannte Schreckstellungen beobachtet. Sie werfen sich dabei auf den Rücken und krampfen ihre Extremitäten nach hinten, sodass dem vermeintlichen Gegner der gewölbte Bauch mit den Warnfarben dargeboten wird. **Vorkommen:** Frankreich, Belgien, Holland, West- und Süddeutschland. Alpenländer bis zu den Karpaten und den nördlichen Balkanländern. Im Allgemeinen in hügeligen und gebirgigen Gegenden bis über 1500 m Höhe. Nur im Wasser zu finden, auch schon Pfützen und in Fahrrinnen. **Gift:** Ein durch die Hautdrüsen abgesondertes giftiges Sekret. **Wirkung:** Stark reizend auf die Schleimhäute von Augen, Nase und Mund. **Vergiftungserscheinungen:** Treten nicht auf, wenn man sich nach dem Anfassen der Tiere die Hände wäscht. Gerade bei Unken wurde beobachtet, dass sie, wenn sie verängstigt sind, so viel Sekret aus den Drüsen absondern können, dass es seifenschaumähnlich sichtbar wird und nach Lauch riecht. Dieses Sekret, an die Augen oder in die Nase gebracht, kann ein sehr unangenehmes Brennen verursachen. **Therapie:** Bei stärkerer Reizung lokale Anwendung von Corticosteroiden.

Die Gelbbauchunke ist hervorragend getarnt (oben). In Schreckstellung (unten) präsentiert sie ihre auffällige Unterseite.

## Rotbauchunke
*Bombina bombina*                R 2, G

Scheibenzüngler, Discoglossidae. **Merkmale:** Die Rotbauch- oder Tief-landunke hat eine mäßig schlanke Körperform und wird bis 5 cm groß. Ihre Oberseite ist schwarzgrau mit dunkleren Flecken und zahlreichen kleinen, rundlichen Warzen. Die Bauchseite ist bläulich schwarz, mit großen mennigroten Flecken und weißen Punkten. Die Unken-männchen haben zwei innere Schall-blasen. **Vorkommen:** In Deutsch-land nur im Norden, und zwar von der Weser nach dem Osten und nach Dänemark. Im Süden vom öst-lichen Österreich und Ungarn so-wie Slowenien bis Rumänien und Bulgarien. In den Tiefländern in Altwässern, Teichen und Gräben. **Gift** bis **Therapie:** Siehe Gelbbauch-unke.

## Wechselkröte
*Bufo viridis*        R 3, G

Kröten, Bufonidae. **Merkmale:** Die Wechselkröte wird bis 9 cm groß.

Die Oberseite ist hellgrau bis oliv-farben mit grünlichen Flecken und rötlichen Warzen. Diese Art ist mit den langen Hinterbeinen in der Lage, verhältnismäßig schnell zu hüpfen. **Vorkommen:** Mittel- und Südeuropa. Im Norden bis Däne-mark; fehlt in Großbritannien, Belgien, Holland und auf der Pyrenäenhalbinsel. In Bezug auf Aufenthaltsorte wenig anspruchs-voll, sehr widerstandsfähig gegen Trockenheit und Salzgehalt des Wassers. **Gift:** Bufotenidin und Bufoviridin. **Wirkung:** Die Giftstoffe in den Hautsekreten wirken gefäß-erregend, blutdrucksteigernd und schleimhautreizend. Es besteht aber keine Gefahr. Bei Berührungen Hände waschen!

Die Wechselkröte ist wie alle Amphibien geschützt.

Erdkröten besuchen im Frühjahr Gewässer zur Paarung und Eiablage.

## Erdkröte
*Bufo bufo*                           G

Kröten, Bufonidae. **Merkmale:** Die
Erdkröte ist ein plumpes Tier mit ge-
drungener Körperform und breitem,
abgerundetem Kopf. Die mit großen
dicht beieinander stehenden Warzen bedeckte Oberseite kann grau-,
rot- oder schwarzbraun, auch
schmutzig grün sein und ist zuwei-
len dunkel gefleckt. Beiderseits über
der Ohrgegend befindet sich eine
große, halbmondförmige Drüse. Die
Männchen werden 8 cm, die Weibchen 13 cm groß. **Vorkommen:** Mit-
tel- und Nordeuropa, im Süden
durch andere Rassen vertreten. Die
Erdkröte kommt in Waldungen, Gebüschen, Gärten und Höhlen, auch
in Kellerräumen und altem Mauer-
werk vor. **Gift:** Bufotoxin, Bufotalin,

Bufotenin. **Wirkung:** Das Drüsense-
kret ist ätzend und reizt die Schleimhäute von Mund und Nase. Nach
dem Anfassen dieser Tiere die Hände waschen! Sollte bei Kindern eine
Haut- oder Schleimhautreizung vorkommen, dann reichlich mit Wasser
spülen.

## Laubfrosch
*Hyla arborea*                        R 2, G

Laubfrösche, Hylidae. **Merkmale:**
Leuchtend grüner, bis 5 cm großer
Frosch mit glatter Oberseite. Durch
Farbwechsel kann der Laubfrosch
auch grau oder braun werden. Mit-
tels kleiner Haftscheiben an den Fin-
gern und Zehen klettert er hoch ins
Gebüsch und auf Bäume. Beim
Männchen wird beim Quaken die

Laubfrosch

Kehlschallblase kugelig aufgetrieben. **Vorkommen:** Mittel- und Südeuropa. Auf feuchten Wiesen, in Sümpfen, an Waldrändern und in Gärten. **Gift:** Ein hämolytisch wirkendes Peptid von noch unbekannter Struktur. **Wirkung:** Für den Menschen nicht gefährlich, trotzdem nach Berührung die Hände waschen.

## Reptilien (Schlangen)

### Kreuzotter
*Vipera berus*                    R 2, G

Ottern, Viperidae. **Merkmale:** Während die Männchen kaum länger als 60 cm werden, kann das Weibchen eine Länge von über 80 cm erreichen. Der Kopf ist wenig abgesetzt, der Körper wirkt gedrungen. Die Männchen sind silber-, asch- oder braungrau mit schwarzem Zickzackband. Die Weibchen tragen ein dunkelbraunes Rückenband auf gelb- oder rotbrauner Grundfärbung. Relativ häufig findet man ganz schwarze Tiere, so genannte Höllenottern (Foto S. 127), selten dagegen Kupferottern (Foto S. 128), wunderschöne, kupferfarbene Kreuzottern mit kaum kennbarer Rückenzeichnung. Giftzähne wie bei der Sandviper (s. S. 130). **Vorkommen:** Nord- und Mit-

Kreuzotter, Weibchen

teleuropa, sowohl im Flachland als auch im Gebirge (bis 3000 m). Im Moor, auf Heideflächen, Waldlichtungen und Waldrändern. **Gift:** Gemisch von Enzymen, z. B. Phosphorlipase, Phosphordiesterase, Peptidase. **Wirkung:** Störung der Blutgerinnung, Zerstörung von Gewebe und Blutgefäßen, kreislaufhemmende Wirkung. **Vergiftungserscheinungen:** Schwere Verläufe sind möglich, tödliche Vergiftungen beim Menschen eher selten. Kinder sind mehr gefährdet. Häufiger kommen tödliche Vergiftungen bei Tieren vor, vor allem bei Hunden. Lokal: zwei symmetrische, 1 cm auseinander liegende Einstiche der Giftzähne; Schmerzen, Schwellung mit Zunahme über 3 Tage, Einblutung mit blau-livider Verfärbung der Haut, Lymphgefäß- und Lymphknotenentzündung, auch Nekrose an der Bissstelle möglich. Allgemeinsymptome: Übelkeit, Erbrechen, Bauchschmerzen,

Männliche Kreuzottern sind im Gegensatz zu den rotbraunen Weibchen mehr silber oder aschgrau gefärbt und kleiner. Typisch gezeichnete Tiere besitzen auf dem Rücken ein dunkles Zickzackband.

Die schwarze Form der Kreuzotter wird auch Höllenotter genannt.

Eine seltene Form der Kreuzotter ist die Kupferotter.

Schweißausbruch, Blutdruckabfall, Tachykardie, Schock. Möglich auch anaphylaktischer Schock mit Lippen- und Zungenschwellung; selten Blutgerinnungsstörung.
**Erste Hilfe:** Ruhigstellen des betreffenden Körperteiles, keine Manipulationen an der Bissstelle: kein Aussaugen, kein Ausschneiden, kein Abbinden. Lokal desinfizieren und kühle Umschläge sind sinnvoll; Patienten beruhigen, immer Vorstellung beim Arzt oder in der Klinik.
**Therapie:** Falls Symptome auftreten, mindestens 24 Stunden stationär überwachen, Tetanusprophylaxe, abschwellende Maßnahmen, Überwachung von Kreislauf und Blutgerinnung.
Schlangen-Antiserumgabe nur bei ausgeprägten und schnell zunehmenden lokalen Beschwerden oder bei allgemeinen Vergiftungserscheinungen indiziert. Eine Datenbank im Giftnotruf München (Tel.: 089/1 92 40) informiert über die in Europa verfügbaren Schlangengift-Antisera-Bevorratungsstellen.

## Wiesenotter
*Vipera ursini*                          G

Ottern, Viperidae. **Merkmale:** Die Wiesen- oder Spitzkopfotter erreicht eine Länge von höchstens 50 cm. Der Körper ist mäßig schlank, der Kopf eiförmig und kaum vom Hals abgesetzt. Der hellgraue oder hellbraune Rücken weist in der Mitte ein dunkles Zickzackband auf; an den Flanken meist eine undeutliche

Fleckenreihe. **Vorkommen:** Vom südlichen Europa zum mittleren Asien. In Europa nur stellenweise in Südfrankreich, Mittelitalien, Niederösterreich und den Balkanländern. **Gift** bis **Therapie:** Siehe Kreuzotter.

## Sandviper
*Vipera ammodytes*                    G

Wiesen- oder Spitzkopfotter

Ottern, Viperidae. **Merkmale:** Die Sandviper oder Hornotter ist die größte und gefährlichste Giftschlange des europäischen Raumes. Das Weibchen kann bis 90 cm lang werden, das Männchen ist etwas kleiner. Der Körper ist gedrungen. Deutlich vom Hals abgesetzt ist der breite dreieckige Kopf. Als unverwechselbares Kennzeichen hat diese Vipernart auf der Schnauzenspitze ein weiches, beschupptes, hornähnliches Gebilde, das sonst keine andere europäische Viper oder Natter aufweist. Die Rückenfärbung des Männchens ist meist grau oder graubraun mit einem sehr dunklen, manchmal auch schwarzen, welligen Zickzackband. Beim Weibchen, das mehr bräunlich ist, hebt sich das Zickzackband weniger deutlich von der Grundfarbe ab. Die Unterseite ist auf schmutzig gelblichem Grund dunkelgrau getüpfelt. Diese lebendgebährende Viper ernährt sich von Mäusen, Maulwürfen, kleinen Vögeln und Eidechsen. Die Beutetiere werden vor dem Verschlingen durch einen Biss getötet. Die europäischen Vipern haben rechts und links am Oberkiefer je einen funktionieren-

den, röhrenförmigen Giftzahn, der in Verbindung mit einer Giftdrüse steht. **Vorkommen:** In südosteuropäischen Ländern; im Nordwesten bis Venetien, Südtirol und Kärnten vorkommend. **Gift:** Neurotoxin; hämorrhagische Faktoren; proteolytische Enzyme, Phospholipase, Hyluronidase. Tödliche Vergiftungen können vorkommen, besonders dann, wenn beim Biss ein Blutgefäß getroffen wird. **Wirkung:** Lähmend auf Atemzentrum, hämolytische und gewebszerstörende Reaktionen, Blutgerinnungsstörungen und Gefäßschäden. **Vergiftungserscheinungen:** Nach dem nicht sehr schmerzhaften Biss sieht man zunächst die beiden Einstiche der Giftzähne, die etwa 6 mm auseinander liegen und meist bluten. Bald treten Schmerzen auf. Während der Gebissene erblasst, wird der betroffene Körperteil rot und schwillt an. Häufig bilden sich von der Bissstelle aus rote Ausläufer. In den schweren Fällen schwellen die Lymphknoten an und der Allgemeinzustand des Be-

Die Sandviper oder Hornotter ist die gefährlichste Giftschlange Europas.

troffenen verschlechtert sich: Angstzustände, beschleunigter Puls, kur-
zer schneller Atem, Kollaps. Nach einigen Stunden bilden sich rings um
die Bissstelle rötlichblaue bis dun-
kelviolette Flecken (Blutaustritt im
Gewebe). Ohne Behandlung wird
das Gewebe nekrotisch, was den
Verlust des betroffenen Gliedes zur
Folge haben kann. Wird beim Biss
ein Blutgefäß getroffen, so kann der
Tod durch Lähmung des Atemzen-
trums oder durch ein Hirnödem eintreten. **Erste Hilfe** und **Therapie:**
Siehe Kreuzotter.

## Aspisviper
*Vipera aspis*         R 1, G

Ottern, Viperidae. **Merkmale:** Auch
bei der Aspisviper ist das Weibchen
größer und kann eine Länge von
75 cm erreichen. Der gedrungene
Körper hat einen breiten, dreiecki-
gen Kopf, der vom Hals wenig abgesetzt ist. Als Besonderheit ist die
Schnauzenspitze deutlich nach vorn
aufgestülpt. Man findet bei der
Aspisviper sowohl graue als auch
hellbraune oder rotbraune Tiere mit
dunkler, fast schwarzer Zeichnung.
Die Rückenzeichnung besteht aus
Längsreihen zueinander versetzter
Querbänder oder aus rechteckigen
Flecken, die teilweise in einem Zickzackband, das aber abgerundete
Ecken hat, verschmelzen können.
Giftzähne wie bei Sandviper. **Vorkommen:** In den Pyrenäen wurde sie
noch über 2400 m Höhe gefunden;
in Frankreich, in der Schweiz und auf
der Apenninhalbinsel. **Gift** und **Wirkung:** Siehe Kreuzotter. Der Vergif-

Die Aspisviper ist in Südwesteuropa verbreitet.

tungsverlauf nach dem Biss ist im Allgemeinen schwerer als nach einem Kreuzotternbiss. **Vergiftungserscheinungen:** Die Hämorrhagie an der Bissstelle erfasst einen größeren Bereich und geht innerhalb weniger Stunden in eine Nekrose über. Erbrechen und Schwindelgefühl, Temperaturerhöhung und schwacher Puls sind die Folgeerscheinungen. In schweren Fällen wurden auch Nierenstörungen und Leberschäden beobachtet. **Erste Hilfe** und **Therapie:** Siehe Kreuzotter.

### Andere Giftschlangen

Erwähnt seien folgende – ebenfalls geschützte – in Europa verbreitete Giftschlangen: Auf der Pyrenäenhalbinsel und im nördlichen Afrika lebt die Stülpnasenotter *(V. latastei)* Die Pyrenäen-Otter *(V. seoanei)* kommt vom nördlichen Portugal und dem nordwestlichen Spanien bis zum äußersten Südwesten Frankreichs vor. Vom südlichen Europa bis zum westlichen Asien reicht das Verbreitungsgebiet der Levante-Otter *(V. lebetina)*. Auf den Sporaden und in der europäischen Türkei kann man die Bergotter *(V. xanthina)* finden und am Ostufer des Schwarzen Meeres und im westlichen Kaukasien die Kaukasus-Otter *(V. kaznakovi)*. Gegen Bisse aller aufgeführten Schlangen gibt es ein »Europaserum«. **Erste Hilfe** und **Therapie:** Siehe Kreuzotter.

## Foto-Übersicht der giftigen und essbaren Früchte

In der folgenden Übersicht werden alle im Buch behandelten giftigen Früchte abgebildet. Zum Vergleich und um Verwechslungen vorzubeugen, wurden alle relevanten nicht giftigen Vertreter dazugestellt. Die Früchte wurden entsprechend ihrer Form und Farbe so angeordnet, dass ähnlich aussehende Früchte beieinander stehen.

Unter jedem Foto findet man den Artnamen mit Verweis, auf welcher Seite des Buches die betreffende Art ausführlich behandelt wird. »Nicht giftige« Arten werden im Buch nicht näher besprochen.

Wacholder, S. 13

Schlehdorn, nicht giftig

Sadebaum, S. 14

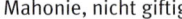

Mahonie, nicht giftig

Blaue Heckenkirsche, S. 65

Felsenbirne, nicht giftig

Rauschbeere, S. 27

Heidelbeere, nicht giftig

Schwarze Krähenbeere, S. 28

Einbeere, S. 88

Vielblütige Weißwurz, S. 85

Wohlriechende Weißwurz, S. 86

Schwarzer Nachtschatten, S. 72

Tollkirsche, S. 67

Schwarze Heckenkirsche, S. 66

Efeu, S. 41

Liguster, S. 66

Christophskraut, S. 17

Schwarzer Holunder, S. 59

Zwerg-Holunder, S. 60

Kreuzdorn, S. 52

Brombeere, nicht giftig

Trauben-Kirsche, nicht giftig

Roter Hartriegel, nicht giftig

Kirschlorbeer, S. 30

Faulbaum, S. 51

Wolliger Schneeball, S. 61

Gewöhnlicher Schneeball, S. 62

Trauben-Holunder, S. 60

Mehlbeere, nicht giftig

Eberesche, S. 28

Eingriffeliger Weißdorn, nicht giftig

Gewöhnlicher Seidelbast, S. 56

Gewöhnliche Heckenkirsche, S. 64

Drachenwurz, S. 91

Aronstab, S. 92

Himbeere, nicht giftig

Erdbeere, nicht giftig

Rote Johannisbeere, nicht giftig

Preiselbeere, nicht giftig

Bittersüßer Nachtschatten, S. 70

Bocksdorn, S. 70

Berberitze, nicht giftig

Kornelkirsche, nicht giftig

Alpen-Heckenkirsche, S. 65

Vogel-Kirsche, nicht giftig

Hunds-Rose, nicht giftig

Eibe, S. 12

Pfaffenhütchen, S. 49

Stechpalme, S. 48

Wald-Geißblatt, S. 66

Wohlriechendes Geißblatt, S. 65

Quirlblättrige Weißwurz, S. 86

Maiglöckchen, S. 86

Zweiblättrige Schattenblume, S. 88

Rotbeerige Zaunrübe, S. 57

Sanddorn, nicht giftig

Schneebeere, S. 63

Mistel, S. 52

Goldregen, S. 32

Buche, S. 24

Esskastanie, nicht giftig

Feuerbohne, S. 38

Rosskastanie, S. 39

## Ungiftige Bäume und Sträucher zur Bepflanzung

Die Übersicht nennt wissenschaftlichen Namen, deutschen Namen und Wuchsform. Sie soll Hilfestellung bei der Bepflanzung von Anlagen, insbesondere in Kindergärten und Schulen, oder des eigenen Gartens geben. Einheimische Gehölze wurden besonders gekennzeichnet, da ihnen aus ökologischen Gründen (z. B. Nahrung und/oder Lebensraum für Insekten und Vögel) der Vorzug zu geben ist. Da eine nahezu unübersehbare Vielfalt an Arten und Sorten im Handel erhältlich ist, kann die Aufstellung nicht vollständig sein, sondern soll lediglich Anregungen vermitteln.
Die Liste wurde erstellt von Prof. Dr. Max von Clarmann, Toxikologe, München, dem an dieser Stelle für die Bereitstellung der Daten gedankt sei.

| wissenschaftl. Name | deutscher Name | Wuchsform, Bemerkungen (einheimisch durch • gekennzeichnet) |
|---|---|---|
| Abies concolor | Colorado-Tanne | Nadelbaum, Freistand |
| Abies homolepis | Nikko-Tanne | Nadelbaum, Freistand |
| Acer campestre | Feld-Ahorn | Baum, Freistand; Hecke, geschnitten • |
| Acer ginnala | Mandschurischer Ahorn | Strauch, Freistand |
| Acer negundo | Eschen-Ahorn | Baum, Freistand |
| Acer platanoides | Spitz-Ahorn | Baum, Freistand • |
| Acer pseudo-platanus | Berg-Ahorn | Baum, Freistand • |
| Acer sacharinum | Silber-Ahorn | Baum, Freistand |
| Actinidia arguta | Scharfzähniger Strahlengriffel | Schling-, Kletter- und Rankgehölz; nur männliche Pflanzen |
| Aesculus carnea | Rot blühende Rosskastanie | Baum, Freistand; keine Früchte |
| Aesculus carnea 'Briotii' | Briots Rot-blühende Ross-kastanie | Baum, Freistand; keine Früchte |
| Alnus glutinosa | Schwarz-Erle | Baum, Freistand • |
| Alnus incana | Grau-Erle | Baum, Freistand • |
| Amelanchier canadensis | Felsenbirne | Deck- und Blütenstrauch |

| wissenschaftl. Name | deutscher Name | Wuchsform, Bemerkungen (einheimisch durch • gekennzeichnet) |
|---|---|---|
| Berberis thunbergii | Berberitze | Deck- und Blütenstrauch |
| Betula pendula (= B. verrucosa) | Hänge-Birke, Weiß-Birke | Baum, Freistand • |
| Bilderdykia aubertii | Chinesischer Schlingen- knöterich | Schling-, Kletter- und Rankgehölz |
| Buddleia davidii | Sommerflieder | Deck- und Blütenstrauch |
| Carpinus betulus | Hainbuche, Weißbuche | Baum, Freistand • |
| Cornus alba | Hartriegel | Deck- und Blütenstrauch |
| Corylus avellana | Haselnuss | Deck- und Blütenstrauch • |
| Crataegus laevigata | Zweigriffeliger Weißdorn | Hecke, geschnitten; nur als geschnittene Hecke • |
| Crataegus laevigata 'Paulii' | Rotdorn | Baum, Freistand |
| Crataegus laevigata 'Rubra Plena' | Gefüllt blühender Rotdorn | Baum, Freistand |
| Crataegus monogyna | Eingriffeliger Weißdorn | Hecke, geschnitten; Deck- und Blütenstrauch; nur als geschnittene Hecke • |
| Deutzia gracilis | Zierliche Deutzie | Strauch, Freistand; Hecke, frei wachsend |
| Deutzia rosea | | Strauch, Freistand; Hecke, frei wachsend |
| Deutzia scabra | Raublätterige Deutzie | Strauch, Freistand; Hecke, frei wachsend |
| Elaeagnus angustifolia | Ölweide | Deck- und Blütenstrauch |
| Forsythia intemedia | Forsythie | Deck- und Blütenstrauch; Hecke, frei wachsend |
| Fraxinus excelsior | Gewöhnliche Esche | Baum, Freistand; rein männliche Exemplare pflanzen • |

| wissenschaftl. Name | deutscher Name | Wuchsform, Bemerkungen (einheimisch durch • gekennzeichnet) |
|---|---|---|
| Fraxinus ornus | Manna- oder Blumen-Esche | Baum, Freistand |
| Hippophae rhamnoides | Sanddorn | Strauch, Freistand; Hecke frei wachsend; nur männliche Pflanzen • |
| Holodiscus discolor | Scheinspiere, Schaumspiere | Strauch, Freistand |
| Kerria japonica 'Pleniflora' | Gefülltblühende Kerrie, Goldröschen | Strauch, Freistand; Hecke, frei wachsend |
| Larix decidua | Europäische Lärche | Nadelbaum, Freistand • |
| Larix kaempferi | Japanische Lärche | Nadelbaum, Freistand |
| Philadelphus-Hybriden | Pfeifenstrauch, Falscher Jasmin | Strauch, Freistand; Hecke, frei wachsend; nur gefüllte, nicht fruchttragende Sorten • |
| Picea abies | Gewöhnliche Fichte oder Rot-Fichte, Rottanne | Nadelbaum, Freistand; Hecke, geschnitten • |
| Picea glauca | Schimmel-Fichte, Kanadische Fichte | Nadelbaum, Freistand; Hecke, geschnitten |
| Picea omorika | Serbische Fichte | Nadelbaum, Freistand |
| Picea pungens | Stech-Fichte | Nadelbaum, Freistand; Hecke, geschnitten |
| Picea sitchensis | Sitka-Fichte | Nadelbaum, Freistand; Hecke, geschnitten |
| Pinus mugo | Berg- oder Krummholz-Kiefer | Nadelbaumgehölz, Hecke, frei wachsend • |
| Pinus nigra | Schwarz-Kiefer | Nadelbaum, Freistand • |
| Pinus peuce | Rumelische Kiefer | Nadelbaum, Freistand |
| Pinus sylvestris | Wald-Kiefer | Nadelbaum • |

| wissenschaftl. Name | deutscher Name | Wuchsform, Bemerkungen (einheimisch durch • gekennzeichnet) |
|---|---|---|
| Pinus strobus | Weymouths-Kiefer | Nadelbaum, Freistand |
| Plataus acerifolia | Platane | Baum |
| Populus berolinensis | Berliner Pappel | Baum, Freistand |
| Populus canescens | Grau-Pappel | Baum, Freistand • |
| Populus nigra 'Italica' | Pyramiden- oder Säulenpappel | Baum, Freistand; nur männliche Exemplare |
| Populus-canaden-sis-Hybriden, z.B. 'Robusta' und 'Bachelieri' | | Baum, Freistand |
| Potentilla fruticosa | Fingerstrauch, Strauch-Fingerkraut | Strauch, Freistand; Hecke, frei wachsend; Deck- und Blütenstrauch |
| Prunus serrulata | Japanische Blütenkirsche | Baum, Freistand; nur gefüllt blühende Japanische Zierkirschen-Sorten |
| Prunus subhirtella 'Autumnalis' | Herbst-Bergkirsche | Strauch, Freistand |
| Prunus triloba | Mandel-bäumchen | Strauch, Freistand |
| Pseudotsuga menziesii | Douglasie | Nadelbaum, Freistand |
| Salix purpurea | Purpur-Weide | Hecke, frei wachsend • |
| Sorbaria sorbifolia | Gewöhnliche Fiederspiere | Hecke, frei wachsend oder geschnitten |
| Spiraea vanhouttei | Vanhouttes Spierstrauch | Hecke, frei wachsend oder geschnitten; Deck- und Blütenstrauch |
| Spiraea albiflora | Weißer Spierstrauch | Hecke, frei wachsend oder geschnitten |
| Spiraea arguta | Spitzzähniger Spierstrauch | Hecke, frei wachsend oder geschnitten; Deck- und Blütenstrauch |

| wissenschaftl. Name | deutscher Name | Wuchsform, Bemerkungen (einheimisch durch • gekennzeichnet) |
|---|---|---|
| Spiraea billiardii 'Triumphans' | Billiards Spierstrauch | Hecke, frei wachsend |
| Spiraea bumalda 'Anthony Waterer' | Niedriger Spierstrauch | Hecke, frei wachsend; Deck- und Heckenstrauch |
| Spiraea thunbergii | Thunbergs Spierstrauch | Hecke, frei wachsend |
| Stephanandra incisa | Fiederschnittige Kranzspiere | Hecke, frei wachsend |
| Stephanandra tanakae | Tanaka-Kranz-spiere | Hecke, frei wachsend |
| Syringa vulgaris | Gewöhnlicher Flieder (in Sorten) | Hecke, frei wachsend oder geschnitten |
| Tilia cordata | Winter-Linde | Baum, Freistand • |
| Tilia euchlora | Krim-Linde | Baum, Freistand |
| Tilia platyphyllos | Sommer-Linde | Baum, Freistand • |
| Tilia tomentosa | Silber-Linde | Baum, Freistand |
| Tilia vulgaris | Holländische Linde | Baum, Freistand |
| Ulmus glabra | Bergrüster oder Berg-Ulme | Baum, Freistand • |
| Ulmus hollandica | Holländischer Rüster oder Ulme (in Sorten) | Baum, Freistand |
| Ulmus minor | Feldrüster oder Feld-Ulme | Baum, Freistand • |

# Medizinische Fachausdrücke

**Abort:** Fehlgeburt.

**Abortivum:** Abtreibemittel zur Herbeiführung von Fehlgeburten in strafbarer Absicht.

**anaphylaktisch:** Anaphylaxie; Sonderform der Allergie; Überempfindlichkeit aufgrund einer Antigen-Antikörper-Reaktion.

**Angina pectoris:** »Engbrüstigkeit«; Anfälle von heftigen Schmerzen in der linken Brustseite, die in Bauch, linke Halsseite oder linken Arm ausstrahlen; oft mit Todesangst verbunden.

**Arrhythmie:** unregelmäßige Herzschlagfolge.

**Ataxie:** Störung der Bewegungskoordination, des geordneten Zusammenwirkens von Muskelgruppen.

**Bradykardie:** stark verlangsamte Herztätigkeit.

**broncholytisch:** die Bronchien erweiternd.

**choreatisch:** unkontrollierte, schnelle Muskelzuckungen, »Veitstanz«-ähnlich.

**Delirium:** veränderte Bewusstseinslage, die sich verschieden äußern kann, z. B. durch Verwirrtheit, Angstzustände, wahnhafte Vorstellungen, begleitet von motorischer Unruhe, Schweißausbruch und Fieber.

**Elektrolyte:** chemische Grundstoffe (Blutsalze) im menschlichen Körper, die der Körper unter verschiedensten Bedingungen verlieren kann und die dann ersetzt werden müssen.

**epileptiform:** dem epileptischen Anfall ähnlich (Epilepsie = Fallsucht).

**Euphorie:** eine unter Umständen krankhaft gehobene Stimmung bei motivloser Heiterkeit.

**Extremitäten:** Gliedmaßen; Arme und Beine.

**gastrointestinal:** Magen und Darm betreffend.

**hämolytisch:** Hämolyse; Austritt von Blutfarbstoff bei Auflösung der roten Blutkörperchen.

**Hämorrhagie:** Durchtrittsblutung, z. B. durch Annagen eines Gefäßes.

**Halluzination:** Sinnestäuschung, »Wahrnehmung ohne Objekt«.

**Hirnödem:** feuchte Volumenzunahme des Gehirns = Hirnschwellung.

**Hypoglykämie:** Verminderung des Blutzuckers.

**Hyposensibilisierung:** der Versuch, durch ärztliche Behandlung die Überempfindlichkeit gegen bestimmte Stoffe oder Gifte herabzusetzen.

**Inkubationszeit:** Zeit von der Infektion bis zum Ausbruch einer Krankheit.

**Insuffizienz:** Schwäche, ungenügende Leistung.

**Intentionsstörungen:** hemmende oder ängstliche Vorstellungen, die die Ausführung bestimmter Handlungen verhindern.

**Kolik:** krampfartige Leibschmerzen, schmerzhaftes Zusammenziehen eines Hohlorgans (Darm-, Gallen-, Blasen- und Magenkolik).

**Kollaps:** international: »Schock«; der Begriff Kollaps wird aber auch in der inneren Medizin für einfache akute Kreislaufschwächen verwendet.

**Koma:** Bewusstlosigkeit; Zustand tiefster, durch äußere Reize nicht zu unterbrechende Bewusstseinsstörung.

**Kontrakturstellungen:** Gelenksteife und Bewegungseinschränkung durch Zusammenziehen von Muskelgruppen.

**Latenz:** symptomarme oder -freie Zeitspanne zwischen der Einnahme eines Giftes und dem Beginn der Wirkung.

**Lungenödem:** Durchtränkung der Lunge mit Flüssigkeit aus den Blutgefäßen.

**Medulla oblongata:** Verlängertes Mark; Sitz von Atem-, Herz-Kreislauf- und anderen wichtigen Reflexzentren.

**motorisch:** willkürliche aktive Bewegungsvorgänge betreffend.

**Mydriasis:** krankhafte Erweiterung der Pupille.

**Nekrose:** örtliches Absterben von Organteilen oder Geweben.

**Nephritis:** Nierenentzündung.

**oral:** durch den Mund …

**psychomotorisch:** Beeinflussung der Funktion des vegetativen Nervensystems (z. B. Kreislauf, Verdauung) durch psychische Vorgänge.

**resorbieren:** aufsaugen, aufnehmen.

**Resorption:** Aufnahme von Stoffen in die Blut- und Lymphbahn über den Magen-Darm-Kanal.

**Somnolenz:** krankhafte Schläfrigkeit, Benommenheit.

**symptomatische Behandlung:** Behandlung von Krankheitssymptomen bzw. Krankheitserscheinungen (nicht nach den Ursachen der Krankheit, nicht die Krankheit selbst).

**Symptome:** mit den menschlichen fünf Sinnen – ohne technische Hilfsmittel – wahrnehmbare Krankheitserscheinungen.

**Syndrom:** Gruppe von gleichzeitig auftretenden Krankheitssymptomen.

**Tachykardie:** stark beschleunigte Herztätigkeit.

**Therapie:** Heilverfahren, Behandlung von Krankheiten.

**Toxikologie:** Lehre von Giften und Vergiftungen.

**toxisch:** giftig.

**Vorhofflattern und -flimmern:** Störung der Tätigkeit der Vorhöfe des Herzens.

**Zeckenexposition:** Gesamtheit der äußeren Krankheitsbedingungen, denen ein Organismus ausgesetzt ist und die durch den Zeckenbiss hervorgerufen wurden.

# Informationszentralen für Vergiftungsfälle mit 24-Stunden-Dienst in Deutschland

**Berlin und Brandenburg**
13353 Berlin
Universitätsklinikum Rudolf Virchow
Humboldt-Universität Berlin
Station 43 b
(Internist. Intensivstation)
Augustenburger Platz 1
Tel. (0 30) 4 50-5 35 55
Fax (0 30) 4 50- 5 39 09
E-Mail: giftinfo@charite.de

14050 Berlin
Beratungsstelle für Vergiftungserscheinungen und Embryonaltoxikologie (ITOX im BBGes)
Spandauer Damm 130
Tel. (0 30) 1 92 40
Fax (0 30) 3 06 86-7 21
E-Mail: berlintox@giftinfo.de
internet: http://www.giftnotruf.de

**Bremen, Hamburg, Niedersachsen und Schleswig-Holstein**
37075 Göttingen
Giftinformationszentrum Nord
(GIZ-NORD)
Georg-August-Universität Göttingen
ZentrumPharmakologie und Toxikologie
Robert-Koch-Str. 40
Tel. (05 51) 38 31 80
     (05 51) 1 92 40
Fax (05 51) 3 83 18 81
E-Mail: Giznord@med.uni-goettingen.de
internet: http://www.giz-nord.de

**Nordrhein-Westfalen**
53113 Bonn
Informationszentrale gegen Vergiftungen, Zentrum für

Kinderheilkunde der Rheinischen Friedrich-Wilhems-Universität
Adenauerallee 119
Tel. (02 28) 2 87 32 11
     (02 28) 2 87 33 33
Fax (02 28) 2 87 33 14
E-Mail: gizbn@mailer.meb.uni-bonn.de
internet:
http://www.meb.uni-bonn.de/giftzentrale

**Hessen und Rheinland-Pfalz**
55131 Mainz
Klinische Toxikologie
Beratungsstelle bei Vergiftungen
Universitätsklinikum
Langenbeckstr. 1
Tel. (0 61 31) 1 92 40
     (0 61 31) 23 24 66
Fax (0 61 31) 17 66 05
E-Mail: Mail@giftinfo.uni-mainz.de
internet: http://www.giftinfo.uni-mainz.de

**Saarland**
66421 Homburg-Saar
Universitätskliniken
Klinik für Kinder- und Jugendmedizin
Tel. (0 68 41) 1 92 40
Fax (0 68 41) 16 84 38
E-Mail: kigift@med-rz.uni-sb.de
internet: http://www.med-rz.uni-sb.de/med-fak/kinderklinik/klklb.htm

**Baden-Württemberg**
79106 Freiburg
Informationszentrale für Vergiftungen
Universitätsklinik
Mathildenstr. 1
Tel. (07 61) 1 92 40

Fax (07 61) 2 70 44 57
E-Mail: giftinfo@kkl
200.ukl.uni-freiburg.de
internet: http://www.giftberatung.de

**Bayern**
81675 München
Giftnotruf München
(Toxikologische Abteilung der II. Medizinischen Klinik rechts der Isar der TU)
Ismaninger Str. 22
Tel. (0 89) 1 92 40
Fax (0 89) 41 40-24 67
E-Mail: tox@lrz.tum.de
internet: http://www.toxinfo.org

90340 Nürnberg
Medizinische Klinik 2
Klinikum Nürnberg
Lehrstuhl innere Medizin – Gerontologie
Prof.-Ernst-Nathan-Str. 1
Tel. (09 11) 3 98 34 78
Giftnotruf (09 11) 3 98 24 51
Fax (09 11) 3 98 21 92
E-Mail: Muehlberg@klinikum-nuernberg.de
internet: http://www.giftinformation.de

**Mecklenburg-Vorpommern, Sachsen, Sachsen-Anhalt und Thüringen**
99089 Erfurt
Giftnotruf Erfurt
Gemeinsames
Giftinformationszentrum
Nordhäuser Str. 74
Tel. (03 61) 73 07 30
Fax (03 61) 7 30 73 17
E-Mail: shared.ggiz@t-online.de
internet: http://www.thueringen.de/wegweis/89-19.htm

# Informations- und Behandlungszentren für Vergiftungen mit 24-Stunden-Dienst in Europa

**Österreich**
1090 Wien
Vergiftungsinformationszentrale
Allgemeines Krankenhaus
Währinger Gürtel 18–20
Tel.: (00 43) (1) 4 04 22 22
Notrufnummer:
(00 43) (1) 4 06 43 43
Fax: (00 43) (1) 4 04 00 42 25
E-Mail: viz@akh-wien.ac.at
internet: http://www.akh-wien.ac.at/viz
Sprachen: Deutsch, Englisch

**Belgien**
1120 Bruxelles
Centre Antipoisons
c/o Hôpital Militaire Reine
Astrid
Rue Bruyn
Tel. Notrufnummer: (00 32)
(0 70) 24 52 45
Fax: (00 32) (0 70) 32 22 64
96 46
Sprachen: Französisch, Flämisch, Englisch (Deutsch)

**Bulgarien**
1606 Sofia
National Center of Clinical Toxicology
Research Emergency
Medical Institute »Pirogov«
boul. Totleben 21
Tel.: (0 03 59) (2) 5 15 33 46
Fax: (0 03 59) (2) 5 15 34 09
E-Mail: bultox@hotmail.com
Sprachen: Bulgarisch, Englisch, Deutsch, Russisch

**Dänemark**
2400 Copenhagen NV
Giftinformationen, Clinic of
Occupational Medicine
Bispebjerg Hospital
Bispebjerg Bakke 23
Tel.: (00 45) 35 31 60 60

Fax: (00 45) 35 31 60 70
E-Mail: clintox @bbh.hosp.dk
Sprachen: Dänisch, Englisch
(Deutsch)

**Finnland**
00290 Helsinki
Poison Information Centre
Department of Clinical Pharmacology
University Central Hospital
Haartmaninkatu 4 (PL 340)
Tel.: (0 03 58) (9) 47 19 77
(0 03 58) (9) 47 11
Fax: (0 03 58) (9) 47 17 47 02
E-Mail: myrkytys@huch.fi
Sprachen: Finnisch, Schwedisch, Englisch

**Frankreich**
49033 Angers
Centre Anti-Poisons d'Angers
CHU-Angers
Rue Larrey 4
Tel.: (00 33) (2) 41 48 21 21
Fax: (00 33) (2) 41 35 55 07
E-Mail: centre-Antipoison@chu-angers.fr

33076 Bordeaux Cedex
Centre Anti-Poison
Groupe Hospitalier Pellegrin-Tripode
Place Amélie-Raba-Léon
Tel.: (00 33) (5) 56 96 40 80
Fax: (00 33) (5) 56 79 60 96
E-Mail: cap33@chu-bordeaux.fr

38043 Grenoble Cedex 09
Centre Anti-Poisons
Service de Médicine Interne
et Toxicologie
Centre Hospitalier Regional-Hôpital
Albert Michallon
BP 217 X
Tel.: (00 33) (4) 76 76 56 46

Fax: (00 33) (4) 76 76 56 70
E-Mail: Toxivigilance@chu-grenoble.fr

59037 Lille Cedex
Centre Anti-Poisons de Lille
C. H. R.
5 Avenue Oscar Lambret
Tel.: (00 33) (3) 20 44 44 44
(00 33) (3) 20 16 08 24
Fax: (00 33) (3) 20 44 56 28
E-Mail: cap@chu-lille.fr
Sprachen: Französisch

69437 Lyon Cedex 03
Centre Antipoison –
Centre de Pharmacovigilance
Hôpital Edouard Herriot
Pavillon N
5 Place d'Arsonval
Tel.: (00 33) (4) 72 11 69 11
Fax: (00 33) (4) 72 11 69 85
E-Mail:
jacques.descotes@chu-lyon.fr
Sprachen: Französisch, Englisch

13009 Marseille
Centre Antipoison de Marseille
Hôpital Salvator
249, bd Ste-Marguerite
Tel.: (00 33) (4) 91 75 25 25
Fax: (00 33) (4) 91 74 41 68
E-Mail: mvalli@mail.ap-hm.fr
Sprachen: Französisch, Englisch (Italienisch, Spanisch)

54035 Nancy Cedex
Centre Antipoisons de Nancy
Hôpital Central
29, Avenue Maréchal-de-Lattre-de-Tassigny, CO N° 34
Tel.: (00 33) (3) 83 32 36 36
Fax: (00 33) (3) 83 85 26 15
E-Mail: cap@chu-nancy.fr
Sprachen: Französisch

75475 Paris Cedex 10
Centre Antipoison de Paris
Hôpital Fernand Widal
200, Rue du Faubourg, Saint
Denis
Tel.: (00 33) (1) 40 05 48 48
Fax: (00 33) (1) 40 05 41 93
E-Mail: cap-paris@lrb.ap-
hop-paris.fr

35033 Rennes Cedex
Centre Anti-Poisons de Rennes
C.H.R.U.
Hôpital Pontchaillou, Pavillon
Clemenceau
2, Rue Henri-Le-Guilloux
Tel.: (00 33) (2) 99 59 22 22
   (00 33) (2) 99 28 42 22
Fax: (00 33) (2) 99 28 42 30

67091 Strasbourg Cedex
Centre Anti-Poison
Hôpitaux Universitaires de
Strasbourg
BP 426
Tel.: (00 33) (3) 88 37 37 37
Fax: (00 33) (3) 88 11 54 75
Sprachen: Französisch,
Deutsch, Englisch

31059 Toulouse Cedex
Centre Anti-Poisons de
Toulouse
Hôpital Purpan, C.H.U.
Place du Dr. Baylac
Tel.: (00 33) (5) 61 77 74 47
   (00 33) (5) 61 77 24 87
Fax: (00 33) (5) 61 77 74 51/
   61 77 25 72

**Griechenland**
11527 Athen
Poison Information Centre
Childrens Hospital »Aglaia
Kyriakou«
Tel.: (00 30) (1) 7 79 37 77
Fax: (00 30) (1) 7 48 61 14
Sprachen: Griechisch, Eng-
lisch

**Großbritannien**
Belfast BT 12 6BA (Nordir-
land)

Poison Information Centre
Royal Victoria Hospital
Grosvenor Road
Tel.: (00 44) (08 10) 6 00-62
   66
Fax: (00 44) (0 28) 90 24 80
   30
E-Mail: nirdic@royalhospi
tals.n-i.nhs.uk
Sprachen: Englisch

Birmingham B18 7QH
National Poisons Information
Service
(Birmingham Centre)
City Hospital NHS Trust
Dudley Road
Tel.: (00 44) (1 21) 5 07 55 88
   (00 44) (1 21) 5 07 55 89
Fax: (00 44) (1 21) 5 07 55 80
E-Mail:
Director@npis.org
Internet:
http://www.npis.org
Sprachen: Englisch

Cardiff CF6 1XX
Welsh National Poisons Unit
Ward West 5
Llandough Hospital
Penarth
South Glamorgan
Tel.: (00 44) (12 22) 70 99 01
Fax: (00 44) (12 22) 70 43 57
Sprachen: Englisch

Edinburgh EH3 9 YW (Scot-
land)
Scottish Poisons Information
Bureau
The Royal Infirmary
Lauriston Place
Tel.: (00 44) (1 31) 5 36 23 00
Fax: (00 44) (1 31) 5 36 23 04
Sprachen: Englisch

London SE14 5ER
National Poisons Information
Service (L)
Medical Toxicology Unit
Avonley Road
Tel.: (00 44) (0) 2 07 77 71 53
   10

Fax: (00 44) (0) 2 07 77 71 53
   09
E-Mail:
npis@gstt.sthames.nhs.uk
Sprachen: Englisch

Newcastle upon Tyne NE2 4
HH
National Poisons Information
Service
Newcastle
Regional Drug & Therapeu-
tics Centre
Wolfson Unit
Claremont Place
Tel.: (00 44) (1 91) 2 82 03 00
   (24 hour service)
Fax: (00 44) (1 91) 2 61 57 33
Sprachen: Englisch

**Irland**
Dublin 9
Poisons Information Centre
Beaumont Hospital, PO Box
1297
Beaumont Road
Tel.: (0 03 53) (1) 8 37 99 64
   (0 03 53) (1) 8 37 99 66
Fax: (0 03 53) (1) 8 36 84 76
   (0 03 53) (1) 8 37 69 82
E-Mail: npic.dublin@beau
mont.ie
Sprachen: Englisch

**Israel**
31096 Haifa
Israel Poisons Information
Centre
Rambam Medical Center
P.O. Box 9602
Tel.: (0 09 72) (4) 8 52 92 05
Fax: (0 09 72) (4) 8 54 20 92
E-Mail:
ipic@rambam.health.gov.il

**Italien**
40133 Bologna
Centro Antiveleni (Bologna)
Ospedale Maggiore
Unita di Tossicologia Medica
Largo B. Nigrosoli 2
Tel.: (00 39) (51) 6 47 89 54
Fax: (00 39) (51) 6 47 86 62

20162 Milano
Centro antiveleni
Ospedale Niguarda »Ca Granda«
Piazza Ospedale Maggiore 3
Tel.: (00 39) (2) 66 10 10 29
Fax: (00 39) (2) 64 44 27 68
E-Mail: cav@ospedale-niguarda.it
Internet: http://www.ospedale-niguarda.it
Sprachen: Italienisch (Französisch, Englisch)

00161 Roma
Centro antiveleni
Università di Roma
Policlinico Umberto I
Viale del Policlinico 155
Tel.: (00 39) (6) 49 06 63
Fax: (00 39) (6) 49 97 06 98
E-Mail: cavuniroma@uniroma1.it
Internet: http://www.uniroma1.it/cav
Sprachen: Italienisch, Französisch, Englisch

00168 Roma
Centro Antiveleni
Servicio de Tossicologia Clinica
Inst. di Anest. e Rian.
Università Cattolica del Sacro Cuore
Largo A. Gemelli 8
Tel.: (00 39) (6) 3 05 43 43
Fax: (00 39) (6) 3 05 13 43
E-Mail: cav@rm.unicatt.it
Internet: http://www.tox.it
Sprachen: Italienisch, Französisch, Englisch, Spanisch

10126 Torino
Centro Antiveleni
Università di Torino
Corso A.M. Dogliotti, 14
Tel.: (00 39) (11) 6 63 76 37
Sprachen: Italienisch, Französisch, Englisch

**Kroatien**
10000 Zagreb

Poisons Control Centre
Institut for Medical Research
and Occupational Health
Ksaverska C. 2
P.O. Box 291
Tel.: (0 03 85) (1) 22 23 02
(0 03 85) (1) 22 36 25
Fax: (0 03 85) (1) 22 12 52

**Litauen**
2043 Vilnius
Poisons Centre
Vilnius University Emergency Hospital
Shiltnamiu 29
Tel.: (0 03 70) (2) 26 95 83
Fax: (0 03 70) (2) 79 39 59
Sprachen: Litauisch, Englisch, Russisch, Deutsch

**Niederlande**
3720BA Bilthoven
Nationaal Vergiftigingen Informatie Centrum
Rijksinstituut voor Volksgezondheid en Milieu
Postbus 1
Tel.: (00 31) (30) 2 74 88 88
Fax: (00 31) (30) 2 54 15 11
Sprachen: Holländisch (Französisch, Englisch, Deutsch)

**Norwegen**
0034 Oslo
Giftinformasjonssentralen
National Poisons Information Centre
P.O. Box 8189 Dep.
Tel.: (00 47) 22 59 13 00
Fax: (00 47) 22 60 85 75
E-Mail: postmottak@giftinformasjonssentralen.no
Internet: http://www.giftinformasjonssentralen.no
Sprachen: Norwegisch, Englisch

**Polen**
80211 Gdansk
Poisons Information Centre
Wojewódzki Osrodek Toksykologiczny

I. Klinika Chorob Wewnetrznyc
I Ostrych Zatruc
UL. Debinski 7
Tel.: (00 48) (58) 47 82 22
(00 48) (58) 31 65 16
Fax: (00 48) (58) 26 19 69 43

31-826 Krakow
Poisons Information Centre
Department of Clinical Toxicology
Jagiellonian University
Collegium Medicum
Rydygier's Hospital
OS. Zlotej Jesieni 1
Tel.: (00 48) (12) 6 11 99 99
(00 48) (12) 6 47 55 85/
6 47 11 05
Fax: (00 48) (12) 6 47 11 05

90950 Lódź
National Poison Information Centre
and Clinical Department of Toxicology
Institute of Occupational Medicine
ul. Sw. Teresy 8, P.O. Box 199
Tel.: (00 48) (42) 6 57 99 00
(00 48) (42) 6 31 47 52
Fax: (00 48) (42) 6 34 83 31
(00 48) (42) 6 31 47 02
Sprachen: Polnisch, Englisch, Deutsch

41200 Sosnowiec
Poison Control Centre
Institute of Occupational Medicine
Bieruta 12
Tel.: (00 48) (66) 11 45
(00 48) (66) 13 88
Fax: (00 48) (66) 11 24

03401 Warszawa
Poison Centre of Warsaw
Pl. Weteranow 4
Tel.: (00 48) (22) 6 19 08 97
(00 48) (22) 6 19 66 54
Fax: (00 48) (22) 6 18 96 66
Sprachen: Polnisch, Englisch (Französisch)
8–14 Uhr

**Portugal**
1749-075 Lisboa
Centro de Informação Antive-
nenos
Instituto Nacional de Emer-
gência Médica
Rua Infante D. Pedro, 8
Tel.: (0 03 51) (21) 7 95 01 43
Fax: (0 03 51) (21) 7 95 71 24
E-Mail: ciav@Inem.min-
saude.pt
Sprachen: Portugiesisch,
Französisch (Englisch)

**Russische Föderation**
129090 Moskau
Toxicology Information and
Advisory Centre
Ministry of Health of Russian
Federation (RTIAC)
3, Bolshaya Sukharevskaya
Square, Block 7
Tel.: (0 07) (95) 9 21 68 85
    (0 07) (95) 9 28 16 87
    (Notfälle)
Fax: (0 07) (95) 9 21 68 85
E-Mail: rtiac@mednet.ru

**Schweden**
17176 Stockholm
Giftinformationscentralen
Swedish Poisons Information
Centre
Tel.: (00 46) (8) 7 36 03 84
    (Notfälle)
    (00 46) (8) 33 12 31
Fax: (00 46) (8) 32 75 84
E-Mail: giftinformation@apo-
teket.se
Internet: http://www.giftin
formation.apoteket.se
Sprachen: Schwedisch, Eng-
lisch (Deutsch)

**Schweiz**
8028 Zürich
Schweizerisches Toxikologi-
sches Informationszentrum
Freiestrasse 16

Tel.: (00 41) (1) 2 51 51 51
    (Notfälle)
    (00 41) (1) 2 51 66 66
    (nicht dringliche Anfra-
    gen)
Fax: (00 41) (1) 2 52 88 33
E-Mail: info@toxi.ch
Internet: http://www.toxi.ch
Sprachen: Deutsch, Englisch,
Französisch (Italienisch)

**Slowakische Republik**
83101 Bratislava
Poison Information Centre
Clinic of Occupational Disea-
ses and Toxicology
Dumbierská 3
Tel.: (00 42) (17) 54 77 41 66
Fax: (00 42) (17) 54 77 46 05
E-Mail: tic@healthnet.sk
Sprachen: Slowakisch,
Deutsch, Englisch

**Slowenien**
1000 Ljubljana
Poison Control Center
University Medical Center
Zaloska 7
Tel.: (0 03 86) (1) 2 30 24 57
Fax: (0 03 86) (1) 2 30 24 56
E-Mail: martin.mozina@kclj.si
Sprachen: Englisch (Deutsch,
Französisch)

**Spanien**
28002 Madrid
Instituto Nacional de Toxi-
cológica
SERVICIO DE INFORMATION
TOXICOLOGIA
c/Luis Cabrera, 9
Tel.: (00 34) (91) 5 62 04 20
Fax: (00 34) (91) 5 62 69 24
E-Mail: sit@mad.inaltox.es
Internet:
http://www.mju.es/toxicolo
gia/intframe.html
Sprachen: Spanisch, Englisch

**Tschechische Republik**
12808 Prag 2
Poison Information Centre
Clinic for Occupational
Diseases
Na Bojisti 1
Tel.: (00 42) (02) 24 91 92 93
    (00 42) (02) 24 91 54 02
Fax: (00 42) (02) 24 91 45 70
E-Mail: tis@cesnet.cz
Sprachen: Tschechisch, Eng-
lisch, Deutsch (Französisch)

**Türkei**
Sihhiye 06100 Ankara
National Poison Control Cen-
ter
and Toxicology Department
Refik Saydam Hygiene Center
Cemal Gürsel Cad. No 18
Tel.: (00 90) (312) 4 33 70 01
Fax: (00 90) (312) 4 33 70 00

**Ungarn**
Budapest VII
Departement of Clinical Toxi-
cology
Hospital Elizabeth
Alsóerdösor 7
Tel.: (00 36) (1) 21 52 15
Fax: (00 36) (1) 22 94 60
Sprachen: Ungarisch,
Deutsch, Englisch

1450 Budapest
József Fodor National Center
of Public Health
National Institute of Chemical
Safety
Health Toxicological Informa-
tion Service
Nagyávarad tér 2, P. O. 36
Tel.: (00 36) (1) 2 15 37 33
Fax: (00 36) (1) 4 76 11 38
E-Mail: OKBI@elender.hu
Internet:
http://www.extra.hu/okbi/tt
sz.html

# Stichwortverzeichnis

## Bildnachweis:

Altmann: 41 o., 47, 58 r., 61 r., 68 o., 84, 88 r.,
93 u., 103, 124, 127 o., 128, 131, 134 o.r.,
134 u.r.,136 u.l., 138 o.r., 141 m.l., 141 m.r.
Angermayer: 40, 42, 86, 142 u.r.
de Cuveland: 23, 44, 51, 74 u., 76, 126 o.,
134 m.r., 141 u.r.
Eisenbeis: 1, 13, 19, 26 o., 29, 38, 49, 50, 61 l.,
67 r., 69, 71 l., 79, 80 u., 82, 94, 95 u., 96 l.,
97 o., 97 u., 98 o., 98 u., 99 o., 100 u., 132 o.l.,
135 o.l., 135 u.r., 137 o.l., 137 m.l., 137 m.r.,
138 u.l., 140 o.l., 140 m.l.,  140 m.r., 141 u.l.
Eisenreich: 77
Effner/Angermayer: 87
Ewald: 20, 93 o., 123 o.
Hagemann: 117 o.
Hecker: 2/3, 15 l., 24, 27, 28, 31, 133 u.l.,
142 m.l.
König: 37 o., 41 u., 102, 105, 107, 112, 118,
127 u., 130, 136 o.l.
Pfletschinger/Angermayer: 56, 104 o., 104 u.,
114 o., 114 u., 116, 119, 123 u., 125, 132 u.l.
Pforr: 11, 15 r., 17, 21, 22, 25 o., 25 u., 25
(Blüten), 26 u., 30 u, 34, 35 o., 43, 45, 60, 63,
65, 70, 73, 80 o., 81, 83, 89, 109 o., 109 u., 113,
120, 121, 122, 126 u., 133 m.l., 133 u.r., 135 m.l.,
135 m.r., 136 m.l., 138 m.r., 138 u.r., 139 o.r.,
139 u.r.
Pott: 4, 74 o., 90, 92 o., 111 l., 117 u.
Reinhard: 9, 12, 18, 30 o., 33 (Früchte), 35 u.,
39, 46, 52 r., 53, 54, 58 l., 67 l., 68 u., 71 r., 72,
75, 78, 85 u., 88 l., 91, 92 u., 100 o., 111 r.,
133 o.l., 133 o.r., 133 m.r., 134 o.l., 134 m.l.,
136 m.r., 138 o.l., 138 m.l., 139 o.l., 139 m.r.,
139 u.l., 140 o.r., 140 u.r., 141 o.l., 141 o.r.,
142 o.l., 142 o.r., 142 m.r.
Sauer/Hecker: 48, 106
Schrempp: 37 u.
Seidl: 16, 32, 52 l., 55, 57, 59, 62, 66, 95 o.,
96 r., 99 u., 101, 132 u.r., 134 u.l., 135 o.r.,
135 u.l., 136 o.r., 136 u.r., 137 o.r., 137 u.l.,
137 u.r., 139 m.l.
Synatschke: 142 u.l.
Trutnau: 129
Wolfstetter: 14, 115, 132 o.r.
Wothe: 36, 64, 85 o., 108, 140 u.l.

Fotos auf dem Einband:
vorn Eibe, Herbstzeitlose, Deutsche Wespe,
Blauer Eisenhut;
hinten Gewöhnlicher Schneeball, Kreuzotter,
Klivie
Foto S.1: Pfaffenhütchen
Foto S.4: Eberesche

Die Deutsche Bibliothek –
CIP-Einheitsaufnahme

Ein Titeldatensatz für diese
Publikation ist bei
Der Deutschen Bibliothek
erhältlich

Vierte, überarbeitete und erweiterte Auflage,
Neuausgabe

**BLV Verlagsgesellschaft mbH,
München Wien Zürich**
80797 München

© BLV Verlagsgesellschaft mbH,
München 2002

Umschlaggestaltung: Studio Schübel,
München
Umschlagfotos: Reinhard-Tierfoto;
Einklinker v.l.n.r.: Manfred Pforr,
Reinhard Tierfoto, Manfred Pforr
Rückseite v.l.n.r.: Sebastian Seidl,
Rudolf König, Sebastian Seidl

Lektorat: Dr. Friedrich Kögel
Herstellung: Hermann Maxant

Satz: Tausend Premedia GmbH, München
Druck: Appl, Wemding
Bindung: Ludwig Auer, Donauwörth

Gedruckt auf chlorfrei gebleichtem Papier

Printed in Germany · ISBN 3-405-16255-6

# Schnell und sicher bestimmen